ANNYEONG?

A New Learning Paradigm rich in Culture and Stories

KOREAN!

Workbook

1

KB199243

ANNYEONG? KOREAN! _ Volume 1 **Workbook**

First published in 2025 by Hello Korean Inc.
© 2025 **Alfred Lo, Taeyeon Yoon**
Published by **Hur. Dae woo**
Marketing by **Choi. soon il**
Designed by **Lee. Seung mi**
Character Design by **Lee. Jae yeop**

ISBN 979-11-988638-9-8
Printed and bound in Republic of Korea by Hello Printec

Alfred Lo (BA, BEd; MSc Oxon) is an Oxford–Wolfson–Marriott doctoral researcher in Linguistics and East Asian (Korean) Studies at the University of Oxford, and Tutor of Korean at the Oxford University Language Centre. Holding Qualified Teacher Status in England and Hong Kong, he possesses teaching experience across all education levels in diverse contexts. His work has appeared in leading international journals, including System, International Journal of Bilingual Education and Bilingualism, Language and Education, and ELT Journal. A long–time enthusiast of the Korean Wave since 2005, his current research primarily explores language learning and communication within Hallyu fandom communities.

Taeyeon Yoon (BA; MA) is a Clarendon Scholar pursuing a doctorate in Linguistics and Korean Studies at the University of Oxford. A certified Korean instructor, she has worked as a Korean language tutor at the Oxford University Language Centre and coordinated educational and cultural programs in collaboration with the Korean Education Centre UK. Her research interests focus on extracurricular methodologies for teaching the Korean language.

This workbook offers a variety of exercises in vocabulary, grammar, reading, listening, writing, and speaking suitable for real–life situations. By utilizing this resource, you can enhance your understanding of the knowledge and concepts introduced in the "Annyeong? Korean!" textbook. At the end of each chapter, you will find that you have improved your comprehension and can demonstrate your Korean language skills in real–world scenarios.

✰ CONTENT

⭐ CONTENT

Hello Korean 1
Workbook

Chapter 1

01 Vocabulary matching

Match each image to the corresponding Korean words.

 ❶ • • 여권

 ❷ • • 체크인

 ❸ • • 화장실

 ❹ • • 체크아웃

 ❺ • • 현금

  ❻ • • 영어

  ❼ • • 신용 카드

02 Completing a dialogue

Choose the correct expressions to complete the dialogue between Sarang and Haru.

 어서 오세요!

 ❶ (안녕하세요! / 이름이 뭐예요?) 여기가 숨비소리 게스트 하우스예요?

 네, 맞아요. 저는 ❷ (와이파이 / 매니저)예요.

 만나서 반가워요. 제 ❸ (옵션 / 이름)은 하루예요.

 만나서 반가워요. 저는 사랑이에요.

 지금 체크인 ❹ (괜찮아요 / 뭐예요)?

 ❺ (네 / 아니요), 지금 괜찮아요. 여권하고 카드 주세요.

 아, 네. 체크아웃 ❻ (시간 / 지역)은 오전 10시예요?

 네, ❼ (맞아요 / 찍으세요).

Part 2 문법

 -N 이에요/예요

01 Choose between 이에요 and 예요 to indicate identity, state, or fact.

> 보기　저는 우미드(이에요 / **예요**).

1. 저는 가브리엘(이에요 / 예요).
2. 제 이름은 타오(이에요 / 예요).
3. 여기는 홍대(이에요 / 예요).
4. 제 친구는 가수(이에요 / 예요).
5. 샘 씨는 호주* 사람(이에요 / 예요).
6. 이분은 한국어 선생님(이에요 / 예요).

02 Fill in the blanks with 이에요 or 예요 to complete the following dialogues.

> 보기　우미드: 치콜이 뭐**예요**?
> 가브리엘: 치콜은 치킨하고 콜라**예요**.

1. **지나 쌤:** 이름이 뭐 ＿＿＿＿＿＿＿＿?
   프리야: 제 이름은 프리야 ＿＿＿＿＿＿＿.

2. **사랑:** 타오 씨는 어느 나라 사람 ＿＿＿＿＿＿＿?
   타오: 저는 중국 사람 ＿＿＿＿＿＿＿.

3. **하루:** 치맥이 뭐 ＿＿＿＿＿＿＿?
   캐롤라인: 치맥은 치킨하고 맥주* ＿＿＿＿＿＿＿.

4. **마두카:** 여기가 서울 호텔 ＿＿＿＿＿＿＿?
   직원: 네, 맞아요.

> * 호주 Austrailia
> * 맥주 beer

2 문법 -N 은/는

01 Choose between 은 and 는 to indicate the topic of the sentence.

> **보기** 저(은 / **는**) 매니저예요.

1. 제 이름(은 / 는) 캐롤라인이에요.
2. 여기(은 / 는) 게스트 하우스예요.
3. 사랑 씨(은 / 는) 제 친구예요.
4. 미국(은 / 는) 나라예요.
5. 체크인 시간(은 / 는) 오후 3시예요.
6. 온돌(은 / 는) 한국 스타일이에요.

02 Use 은/는 and 이에요/예요 to make a complete sentence with the following words.

> **보기** 타오 씨, 중국 사람
> ➡ **타오 씨는 중국 사람이에요.**

1. 저, 고등학생*

    ➡ _____

2. 이분, 프랑스어* 선생님

    ➡ _____

3. 하루 씨, 제 친구

    ➡ _____

4. 여기, 화장실

    ➡ _____

5. 저희 집, 서울

    ➡ _____

> * 고등학생 high school student
> * 프랑스어 French language

 **Part 3 읽기**

01 Check out the information about Dolhareubang Guesthouse and answer the following questions.

1. Which statement is incorrect information about the guesthouse?

   a) 게스트 하우스 이름은 돌하르방이에요.

   b) 게스트 하우스 지역은 제주도예요.

   c) 체크아웃 시간은 오후 3시예요.

2. Priya, Sam, and Tao are looking for a guesthouse in Jeju that meets their requirements. Who is most likely to stay in Dolhareubang guesthouse?

a) Priya	b) Sam	c) Tao
– 체크인: 오후 4시	– 체크인: 오전 11시	– 체크인: 오후 3시
– 영어	– 영어, 스페인어	– 중국어
– 온돌, 에어컨	– 바비큐	– 개인 화장실, 개인 부엌

*돌하르방 refers to the volcanic rock sculpture found on Jeju Island, which means 'stone grandpa'.
*제주도 Jeju Island   *공용 shared   *바비큐 barbecue

02 Dolhareubang Guesthouse has a community wall for residents to leave their self-introductions. Read Haru and Sophia's and answer the following questions.

안녕하세요? 저는 하루예요.
저는 일본 사람이에요.
저희 집은 도쿄예요. 저는 학생이에요.
만나서 반가워요. 😀

안녕하세요? 제 이름은 소피아예요.
저는 프랑스 사람이에요.
저희 집은 파리예요.
저는 호텔 매니저예요. 반가워요!!!

1. Which statement about Haru and Sophia is <u>correct</u>?

a) Haru is from France.
b) Sophia is a hotel manager.
c) Both live in Korea.
d) Haru studies in Paris.

2. Fill in the following table about Haru and Sophia.

	Haru	Sophia
이름	하＿＿＿	＿＿피＿＿
나라	＿＿본	프＿＿＿스
집	도＿＿＿	＿＿리
직업	＿＿생	호＿＿매＿＿저

Part 4 듣기

You will listen to a conversation between Sarang and Sam in a guesthouse. Select the most appropriate answer based on the dialogue.

1. 사랑 씨는 누구예요?

  a) 손님　　　　　　　　b) 매니저　　　　　　　　c) 가이드*

2. 샘 씨는 어느 나라 사람이에요?

  a) 　　　　b) 　　　　c)

3. 숨비소리는 뭐예요?

  a) 게스트 하우스예요.　　b) 호텔이에요.　　c) 화장실이에요.

4. (_____ → 와이파이 ✓)

  a) 카드　　　　　　　　b) 온돌　　　　　　　　c) QR코드*

> *가이드 guide
> *코드 code

 **Part 5 쓰기**

📋 Writing a self-introduction in Korean

Write a short self-introduction in Korean using 이에요/예요. Include your name, nationality, and what you do (e.g., job).

안녕하세요!

~~~~~~

~~~~~~

~~~~~~

~~~~~~

~~~~~~

~~~~~~

💡 Language Support:

- 저는 _____이에요/예요. (I am _____.)
- 저는 _____ 사람이에요. (I am a person from _____.)

📱 Example:

저는 소피아예요.
멕시코 *사람이에요.*
스페인어 *선생님* *이에요.*

> *멕시코 Mexico
> *스페인어 Spanish
> *선생님 teacher

Then, write a short introduction of your best friend in Korean using 이에요/예요. Include their name, nationality, and what they do (e.g., job).

안녕하세요!

_____

_____

_____

_____

_____

_____

_____

💬 **Need help? You can complete the following sentences to start:**

- 이쪽은 제 친구예요. (This is my friend.) '이쪽' means 'this side/way' but can also be used when introducing others.

📱 **Example:**

이쪽은 제 친구 지우예요.

지우는 한국 사람이에요.

카페* 매니저예요.

* 카페 coffee shop

Part 6 Real-Life Challenge

💬 Step 1.

Look around your city or online for Korean words on signs, labels, menus, or advertisements. Write a full sentence using 이에요/예요 to describe it.

Korean Word	Where You Found It	Sentence with 이에요/예요
e.g. 라면	슈퍼마켓	이거는 라면 이에요.
_____	_____	이거는 _____ 이에요/예요.
_____	_____	이거는 _____ 이에요/예요.

💬 Step 2.

Try using one of your words in a real-life conversation! Here are three ways to practice:

🛒 Option 1: Visit a Korean Restaurant or Shop

Try asking about an item using 이에요/예요. For example:
- **김밥**이에요?
- **라면**이에요?
- **떡볶이**예요?
- **현금**이에요?

🗣 Option 2: Ask a Friend or Teacher

Have a conversation using 이에요/예요 to identify things. For example:
- A: 이거는 뭐예요?
- B: 이거는 **와이파이**예요.

📱 Option 3: Use It in a Social Media Post or Message

Take a picture of something you found and write a caption in Korean! For example:
- "오늘은 **비빔밥**이에요!"
- "**한국 노래**예요."
- "**한글 간판**이에요!"

Chapter 1 | Answer

Part 1 어휘

01
❶ 영어
❷ 체크인
❸ 체크아웃
❹ 여권
❺ 신용 카드
❻ 현금
❼ 화장실

02
❶ 안녕하세요
❷ 매니저
❸ 이름
❹ 괜찮아요
❺ 네
❻ 시간
❼ 맞아요

Part 2 문법

[문법 1]

01
1. 이에요
2. 예요
3. 예요
4. 예요
5. 이에요
6. 이에요

02
1. 예요, 예요
2. 이에요, 이에요
3. 예요, 예요
4. 이에요

[문법 2]

01
1. 은
2. 는
3. 는
4. 은
5. 은
6. 은

02
1. 저는 고등학생이에요.
2. 이분은 프랑스어 선생님이에요.
3. 하루 씨는 제 친구예요.
4. 여기는 화장실이에요.
5. 제 집은 서울이에요.

Part 3 읽기

01
1. c
2. a

02
1. b
2. 하루, 소피아 / 일본, 프랑스 / 도쿄, 파리 / 학생, 호텔 매니저

Part 4 듣기

1. b
2. b
3. a
4. c

Part 5 쓰기 (Sample answers)

안녕하세요. 저는 왕이예요. 중국 사람이에요. 제 집은 상하이예요. 저는 대학생이에요. 만나서 반가워요!
(Hello. I am Wang Yi. I am Chinese. My home is in Shanghai. I am a university student. Nice to meet you!)

안녕하세요! 이쪽은 제 친구 마르코예요. 마르코는 이탈리아 사람이에요. 요리사예요. 마르코의 고향은 로마예요. 만나서 반가워요!
(Hello! This is my friend, Marco. Marco is Italian. He is a chef. Marco's hometown is Rome. Nice to meet you!)

Hello Korean 1
Workbook

Chapter 2

 **Part 1 어휘**

01 Vocabulary matching

Match each image to the corresponding Korean words.

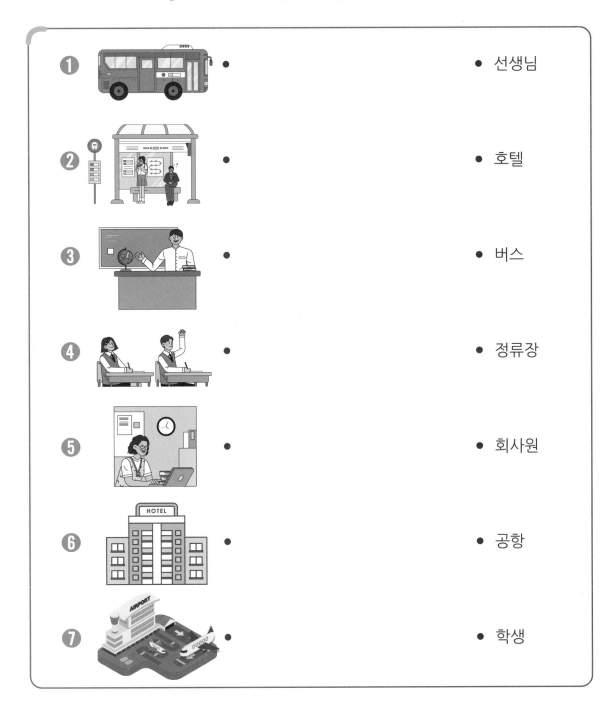

① 　　　•　　　•　선생님

② 　　　•　　　•　호텔

③ 　　　•　　　•　버스

④ 　　　•　　　•　정류장

⑤ 　　　•　　　•　회사원

⑥ 　　　•　　　•　공항

⑦ 　　　•　　　•　학생

02 Completing a dialogue

Choose the correct expressions to complete
a dialogue between Sam, Gabriel and Priya.

 안녕하세요!

 안녕하세요! 만나서 ① (반가워요 / 괜찮아요)

 저는 샘이에요. ② (직업 / 이름)이 뭐예요?

 저는 가브리엘이에요

 가브리엘 씨는 미국 사람이에요?

 ③ (네 / 아니요), 저는 미국 사람이 아니에요. 🇨🇦
④ (캐나다 / 한국) 사람이에요. 샘 씨는요?

 저는 호주 사람이에요. 가브리엘 씨는 경찰관이에요?

 아니요, 경찰관이 아니에요. 저는 ⑤ (대학생 / 미국 사람)이에요.

 프리야 씨, 안녕하세요! 프리야 씨도 학생이에요?

 아니요, 저는 🇰🇷 ⑥ (한국어 / 중국어) 선생님이에요.

* 캐나다 Canada

Part 2 문법

1 문법 N+이/가

01 Choose between 이 and 가 to indicate the subject of the sentence.

> 보기 사랑 씨(이 / **가**) 한국 사람이에요.

1. 이분(이 / 가) 제 영어 선생님이에요.
2. 여기(이 / 가) 한강이에요.
3. 김치(이 / 가) 뭐예요?
4. 버스 정류장(이 / 가) 어디*예요?
5. 제니퍼 씨(이 / 가) 누구*예요?

02 Fill in the blanks with 이/가 to complete the following dialogues.

> 보기 우미드: 게스트 하우스 이름**이** 뭐예요?
> 사랑: 숨비소리예요.

1. 샘: 고양이* 이름___ 뭐예요?
   프리야: 푸딩이에요.

2. 타오: 여기___ 강남역*이에요?
   하루: 아니요, 여기는 서초역이에요.

3. 가브리엘: 이분___ 한국어 선생님이에요?
   마두카: 아니요, 프리야 씨___ 한국어 선생님이에요.

4. 지나: 이 펜*___ 소피아 씨 거예요?
   소피아: 아니요, 사랑 씨 거예요.

* 어디 where
* 누구 who
* 고양이 cat
* 역 station
* 펜 pen

Tip: 의 is a possessive particle. "A의 B" indicates "A's B". 의 is often omitted in everyday conversations. (e.g. Sophia's card → 소피아 씨(의) 카드)

2 문법 N+이/가 아니에요

01 Fill in the blanks and use 이/가 아니에요 to say "I am not …"

저는 …

① 인플루언서　　② 한국 사람　　③ 선생님

1. 저는 ＿＿＿＿＿＿＿＿＿＿ 아니에요.
2. 저는 ＿＿＿＿＿＿＿＿＿＿ 아니에요.
3. 저는 ＿＿＿＿＿＿＿＿＿＿ 아니에요.

02 Fill in the blanks to complete the following dialogues.

1. **사랑:** 지오 씨는 대학생이에요?

   지오: 아니요, 대학생＿＿ ＿＿＿＿＿＿. 저는 대학원생*이에요.

2. **샘:** 가브리엘 씨는 미국 사람이에요?

   가브리엘: 아니요, 저는 미국 사람＿＿ ＿＿＿＿＿＿. 캐나다 사람이에요.

3. **수아:** 여기가 광화문 정류장이에요?

   버스 기사: 아니요, 여기는 광화문 정류장＿＿ ＿＿＿＿＿＿. 여기는 서울역*이에요.

4. **우미드:** 사랑 씨는 디자이너예요?

   캐롤라인: 아니요, 사랑 씨는 디자이너＿＿ ＿＿＿＿＿＿. 수민 씨가 디자이너예요.

5. **톰:** 여기가 홍대 게스트 하우스예요?

   준: 아니요, 여기는 게스트 하우스＿＿ ＿＿＿＿＿＿. 호텔이에요.

* 대학원생 graduate student
* 서울역 Seoul station

01 Look at the Seoul Metro Map and answer the following questions.

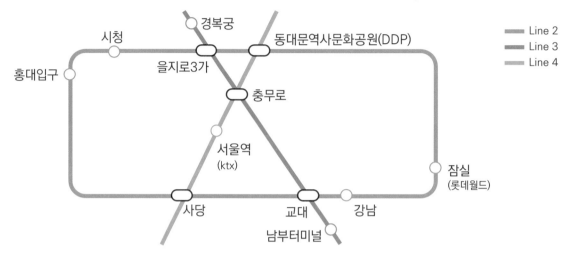

1. Match each place to the relevant subway station.

   a) DDP   •   •   서울역

   b) ktx   •   •   동대문역사문화공원

   c) 롯데월드 •   •   잠실

2. Which of the following statements is <u>incorrect</u>?

   a) 시청역은 2호선*이에요.   b) 교대역은 4호선이에요.

   c) 잠실역은 3호선이 아니에요.   d) 서울역은 2호선이 아니에요.

3. You are now leaving 숨비소리 게스트 하우스 at 홍대입구역 and trying to find the shortest way to get to 경복궁(Gyeongbokgung Palace)역 and 남부터미널(Nambu Bus Terminal)역.

   a) How can you get to 경복궁역 from 홍대입구역?

       Take ___호선 and transfer at _____역. 경복궁역 is on ___호선.

   b) How can you get to 남부터미널역 from 홍대입구역?

       Take ___호선 and transfer at _____역. 남부터미널 is on ___호선.

   *N호선 line N

Part 4 듣기

Priya is taking a taxi to Hongdae. Listen to the conversation between Priya and the taxi driver. After listening, choose the correct option.

1. Where is Priya from?

   a) 일본   b) 중국   c) 베트남*   d) 인도네시아

2. Where does the taxi driver drop Priya off?

   a) 명동   b) 부산   c) 인천   d) 홍대

Tick the correct box for each statement.

	True	False
3. The taxi driver says he likes Indonesia.		
4. The taxi fare is 15,000 원.		

* 베트남 Vietnam

 **Part 5 쓰기**

You arrive at 인천공항 (Incheon Airport). You need to take a bus to 명동 (Myeongdong). At the bus stop, you meet another traveller, and that is Gabriel! Now, you will draw a 네컷 만화 (4-panel comic) about this situation! You should draw pictures for each step and write the conversations in Korean!

Step 1. Find Your Bus

Look for a bus from 인천공항 to 명동. Find out:

버스 번호	
버스 정류장* 이름	
요금	

Step 2. 4-Panel Comic (네컷 만화)

Draw a 4-panel comic about this situation. Write a short Korean sentence in each box. You and Gabriel are at the bus stop. You talk in Korean!

☑ **Use these ideas:**

- Say hello and your name
- Ask where he is from
- Say where you are from
- Talk about the bus (number or price)

🗨 Step 3. Practise Dialogue (연습)

Now, write a short Korean conversation between you and Gabriel. You must write **at least 4 pairs of conversation** (8 lines in total).

☑ Your dialogue should include:

- Greetings (say hello, introduce your name)
- Ask and answer where you're from
- Talk about the bus (number or price)

_____ : _____.

_____ : _____.

_____ : _____.

_____ : _____.

_____ : _____.

_____ : _____.

_____ : _____.

_____ : _____.

_____ : _____.

_____ : _____.

_____ : _____.

* 버스 정류장 bus stop

Part 6 Real-Life Challenge

Your Korean friend is visiting your country for the first time! They arrive at the airport and need to know which bus to take to reach your home. Now, explain the bus route in Korean!

📯 Step 1. Research Your Airport Bus Route

Look for a real airport bus from your country's international airport to your home. Find:

- 버스 번호: _____
- 내리는 정류장(bus stop to get off): _____
- 요금: _____

📋 Step 2. Practise Key Sentences

Now, use Korean to describe the route!

- 공항에서 집까지 버스를 타세요.(Take a bus from the airport to home.)
- 버스 번호는(The bus number is …) _____ 번이에요.
- _____ 에서 내려요.(Get off at …)
- 버스 요금은 _____ 원이에요.(Bus fare is … Won.)

💬 Step 3. Write Your Explanation!

Now, write a short paragraph explaining the bus route in Korean!

📱 Example:

"공항에서 집까지 버스를 타세요. 6001번 버스를 타세요. 강남역에서 내려요. 버스 요금은 15,000원이에요."

Now, share your answer with a friend! 재미있게 하세요!

Chapter 2 Answer

Part 1 어휘

01
❶ 버스
❷ 정류장
❸ 선생님
❹ 학생
❺ 회사원
❻ 호텔
❼ 공항

02
❶ 반가워요
❷ 이름
❸ 아니요
❹ 캐나다
❺ 대학생
❻ 한국어

Part 2 문법

[문법 1]

01
1. 이
2. 가
3. 가
4. 이
5. 가

02
1. 이
2. 가
3. 이, 가
4. 이

[문법 2]

01
1. 유튜버가
2. 한국 사람이
3. 선생님이

02
1. 이 아니에요
2. 이 아니에요
3. 이 아니에요
4. 가 아니에요
5. 가 아니에요

Part 3 읽기

01
1. a) 동대문역사문화공원
   b) 서울역
   c) 잠실

2. b

3. a) 2, 을지로 3가, 3
   b) 2, 교대, 3

Part 4 듣기

1. d
2. d
3. True
4. False

Part 5 쓰기 (Sample answers)

가브리엘: 안녕하세요!

사랑: 안녕하세요! 저는 사랑예요. 이름이 뭐예요?

가브리엘: 저는 가브리엘이에요. 반가워요!

사랑: 반가워요! 가브리엘 씨, 어디에서 왔어요?

가브리엘: 저는 프랑스에서 왔어요. 사랑 씨는요?

사랑: 저는 영국에서 왔어요.

가브리엘: 아, 좋아요! 이 버스가 6015번이에요?

사랑: 네, 맞아요. 요금은 15,000원이에요.

가브리엘: 감사합니다! 사랑: 아니에요!

호주 Austrailia	코드 code	고양이 cat
맥주 beer	멕시코 Mexico	역 station
고등학생 high school student	스페인어 Spanish	펜 pen
프랑스어 French language	선생님 teacher	대학원생 graduate student
제주도 Jeju Island	카페 coffee shop	서울역 Seoul station
공용 shared	캐나다 Canada	N호선 line N
바비큐 barbecue	어디 where	베트남 Vietnam
가이드 guide	누구 who	버스 정류장 bus stop

※ 돌하르방 refers to the volcanic rock sculpture found on Jeju Island, which means 'stone grandpa'.

Hello Korean 1
Workbook

Chapter **3**

Part 1 어휘

01 Vocabulary matching: Things in 편의점

버거 도시락 우유 치킨 아이스크림
커피 아몬드 아이스컵

❶

____ ____

❷

____ ____

❸

치즈 ____ ____

❹

____ ____ ____ ____

❺

____ ____ ____ ____

❻

____ ____ ____

❼

____ ____ ____

❽

바나나 ____ ____

02 Complete a dialogue

Choose the correct expressions to complete a dialogue between Sarang and Tao at Namu convenience store.

 어서 오세요! 나무 ① (편의점 / 터미널)이에요.

 안녕하세요! 혹시 🥛 ② (커피 / 바나나) 우유 있어요?

 네, 여기에 있어요. 이거는 Sugar-free, 제로(zero)예요. 설탕*이 ③ (있어요 / 없어요).

 좋아요! 그런데 혹시 ⚠ ④ (김밥 / 라면)이 있어요?

 아, 죄송합니다. 지금 없어요.

 오, 그럼 컵라면*은 있어요?

 네, 있어요. (pointing to the instant noodle section far from both)
⑤ (저기 / 거기 / 여기)에 있어요.

 감사합니다! 그런데 저는 신용 카드가 없어요. ⑥ (현금 / 치킨) 괜찮아요?

 네, 괜찮아요. 봉투 필요하세요?* 봉투는 100 ⑦ (엔 / 원)이에요.

 아니요, 괜찮아요.

 그럼 3,000원이에요.

* 설탕 sugar
* 컵라면 cup-ramyun
* 봉투 필요하세요? Do you need a plastic bag?

 이/그/저

01 Imagine you are talking to 사랑. Fill in the blanks with 이, 그, or 저, while paying attention to the distance between you and 사랑.

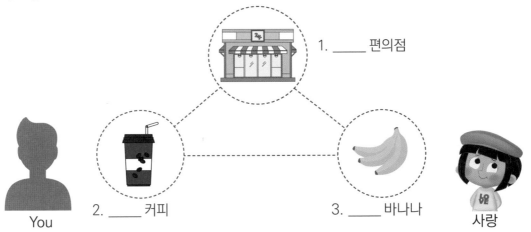

1. _____ 편의점

2. _____ 커피

3. _____ 바나나

You

사랑

1. 사랑 씨, let's go to _____ 편의점!

2. I'd like to buy _____ 커피.

3. 사랑 씨, does _____ 바나나 taste good?

02 Fill in the blanks in the following list of how 이, 그 and 저 are combined with nouns and grammatical markers.

- 이+것 → 이것, 이거
- 그+것 → 그것, 그거
- 저+것 → 저것, 저거

(보기) 이+곳 → 이곳, 여기
1. 그+곳 → 그곳, _____
2. 저+곳 → 저곳, _____

(보기) 이것+은 → 이건
3. 그것+은 → _____
4. 저것+은 → _____

(보기) 이것+이 → 이게
5. 그것+이 → _____
6. 저것+이 → _____

01 Choose 이/가, 있어요/없어요 and fill in the blanks to say "somebody has something."

보기 사랑 씨는 샌드위치(이/**가**) (**있어요**/없어요).

1. 사랑 씨는 김밥(이/가) (있어요/없어요).

2. 타오 씨는 컵라면(이/가) _____ .
3. 타오 씨는 봉투(이/가) _____ .

4. 우미드 씨는 현금___ _____ .
5. 우미드 씨는 카드___ _____ .

6. 저는 _____ _____ .
7. 저는 _____ _____ .

02 Fill in the blanks with 있어요/없어요 to complete the following dialogues.

1. 마두카: 소피아 씨, 카메라가 있어요?

　　소피아: 네, _____ . 저는 유튜버예요.

2. 사랑: 타오 씨는 적립 카드가 있어요?

　　타오: 아니요, _____ .

3. 우미드: 선생님, 질문이 _____ .

　　지나 쌤: 오, 알겠어요. 질문*이 뭐예요?

4. 샘: 아직* 한국 심 카드가 _____ .

　　프리야: 저 편의점에 있어요.

5. 가브리엘: 카드 괜찮아요? 저는 현금이 _____ .

　　직원: 죄송합니다.

* 질문 question
* 아직 yet

3 문법 에 있어요/없어요

01 Fill in the blanks and choose the correct subject marker to indicate "something (or somebody) is somewhere."

1. 아이스크림(이 / 가) _____에 있어요.
2. _____(이 / 가) 게스트 하우스에 있어요.
3. _____(이 / 가) _____에 있어요.

4. 프리야 씨(이 / 가) _____에 있어요.
5. _____(이 / 가) 일본에 있어요.
6. _____(이 / 가) _____에 있어요.

02 Fill in the blanks with the following words to complete a dialogue.

[에 / 있어요 / 없어요 / 커피숍*]

사랑: 마두카 씨가 교실*에 있어요?

타오: 아니요, 1._____. 그런데* 마두카 씨 가방이 교실에 2._____.

사랑: 그럼 혹시 우미드 씨는 어디 3._____있어요?

타오: 지금 4._____에 있어요.

*커피숍 coffee shop *교실 classroom *그런데 but; by the way

Part 3 읽기

01 Look at the image below and answer the following questions.

24시간 편의점			
음식 (Food)			
불고기 김밥 3,500	치킨 버거 3,000	프라이드 치킨 2,500	떡꼬치 2,000
음료 (Beverage) / 디저트 (Dessert)			
아메리카노 (Hot/Ice) 2,500	카페라테 3,000	우유 1,500	아이스크림 2,000

1. Which of the following items are not found at the 편의점?

　a) 떡꼬치　　　　　b) 치킨 버거　　　　　c) 아메리카노　　　　　d) 불고기 버거

2. Which of the following statements is correct about the 편의점?

　a) 우유 is more expensive than 아이스크림.

　b) You can get 아이스 아메리카노.

　c) When you buy one 치킨 버거 and one 우유, it will cost 4,000 원.

　d) 카페라테 and 불고기 김밥 cost the same price.

3. How much will it cost when you buy two americanos and one ice cream? _____원

02 Look at the menu images at coffee shops A and B, and answer the following questions.

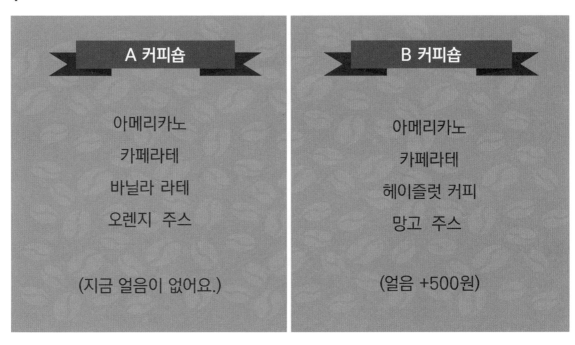

1. Mark O if the following sentence is correct, and X if it is incorrect.

a) A 커피숍에 얼음이 없어요. (O / X)

b) B 커피숍에 오렌지 주스가 있어요. (O / X)

c) A 커피숍 and B 커피숍에 아메리카노가 있어요. (O / X)

2. At which coffee shop can you find the following beverages?

mango juice	caffe latte	hazelnut coffee	vanilla latte
B			

° 바닐라 vanilla
° 오렌지 orange
° 망고 mango
° 주스 juice

Part 4 듣기

Listen to the conversation between Sarang and the cashier and complete the following note.

● 삼각김밥[*]은 _____에 있어요.

☑ 사랑's Check-out list!

Bought?	Item
	아이스컵
	삼각김밥
	라면
	아메리카노
	아몬드 우유
	물[*]
	바나나 우유

총 금액 (Total): _____ 원

사랑이는 적립 카드가 있어요?　　☐ 네.　☐ 아니요.

사랑이는 영수증[*]이 필요 없어요.　☐ 네.　☐ 아니요.

[*] 삼각김밥 triangular gimbap　[*] 물 water　[*] 영수증 receipt

 **Part 5 쓰기**

Creating a Fandom 편의점 Leaflet!

You are opening a new convenience store, "Fandom 편의점"! Now, create a leaflet to introduce unique items in your store.

💬 Part 1. Choosing my items!

Choose 4 unique items for your store and write their Korean names and prices in 원 (₩).

상품명	가격
BTS 딸기 우유	1,800 원

💬 Part 2. Draw a leaflet introducing the special items in your store.

✏️ Include:

- The name of your store
- A short slogan (e.g. "BTS 팬 최고의 편의점!")
- Pictures or simple sketches of your items
- Prices in ₩

Part 5

💬 Part 3. Describing the Most Special Item.

Choose two special items and describe them in Korean!

🖊 Item 1: _____

~~~~~~

~~~~~~

~~~~~~

~~~~~~

~~~~~~

🖊 Item 2: _____

~~~~~~

~~~~~~

~~~~~~

~~~~~~

~~~~~~

💡 Language Support:

- 이/가 있다/없다
- …에 있다/없다
- 이/그/저

Part 6 Real-Life Challenge

Visit a 편의점/슈퍼마켓 in your area! Look for three unique items that are not commonly sold in Korean convenience stores or supermarkets. Imagine introducing them to your Korean friends!

💬 **Step 1.** Look for 3 items that are DIFFERENT from what you usually see in a Korean 편의점/슈퍼마켓. Write down their names (in the original language).

💬 **Step 2.** Find Their Korean Names. Use Naver or a translation app to find the Korean names of the items.

Item	한국어 이름

💬 **Step 3.** Introduce the three items! Describe what they are and where they are in the store.

💡 **Use this sentence structure:**
- (나라)에 (Item)이/가 있어요.
- 편의점에 있어요.
- (Item)은/는 (맛있어요 It's delicious / 커요 It's big / 인기가 있어요 It's popular).

📱 **Example:**

"한국에는 타코야키가 없어요. 일본에 타코야키가 있어요. 편의점에 있어요. 타코야키가 맛있어요."

Your Turn! Try reading your speech out loud at home or even quietly in the store!

Part 1 어휘

01
❶ 치킨
❷ 커피
❸ 버거
❹ 아이스크림
❺ 아이스컵
❻ 아몬드
❼ 도시락
❽ 우유

02
❶ 편의점
❷ 바나나
❸ 없어요
❹ 김밥
❺ 저기
❻ 현금
❼ 원

Part 2 문법

[문법 1]

01
1. 저
2. 이
3. 그

02
1. 거기
2. 저기
3. 그건
4. 저건
5. 그게
6. 저게

[문법 2]

01
1. 이, 없어요
2. 이, 있어요
3. 가, 없어요
4. 이 있어요
5. 가 없어요
6. sample: 저는 티머니 카드가 있어요. (I have a T-money card.)
7. 저는 할인 쿠폰이 없어요. (I don't have a discount coupon.)

02
1. 있어요
2. 없어요
3. 있어요
4. 없어요
5. 없어요

[문법 3]

01
1. 이, 냉장고
2. 여권이
3. 버스가, 정류장
4. 가, 학교
5. 하루 씨가
6. 가브리엘 씨가, 편의점

02
1. 없어요
2. 있어요
3. 에
4. 커피숍

Part 3 읽기

01
1. d
2. b
3. 7,000 원

02
1. a. O b. X c. O
2.

A, B	B	A

Part 4 듣기

● 삼각김밥은 냉장고에 있어요.

Bought?	Item
✓	아이스컵
✓	삼각김밥
✓	아메리카노
✓	바나나 우유

총 금액 (Total): 7,500원
사랑이는 적립 카드가 있어요?　☑ 아니요.
사랑이는 영수증이 필요 없어요. ☑ 아니요.

Part 5 쓰기 (Sample Writing)

우리는 ARMY 편의점이에요. BTS 삼각김밥이 있어요. 삼각김밥은 냉장고에 있어요. 너무 맛있어요! 오세요!

Vocabulary Review

설탕 sugar	바닐라 vanilla
컵라면 cup-ramyun	오렌지 orange
봉투 필요하세요? Do you need a plastic bag?	망고 mango
질문 question	주스 juice
아직 yet	삼각김밥 triangular gimbap
커피숍 coffee shop	물 water
교실 classroom	영수증 receipt
그런데 but; by the way	

Hello Korean 1
Workbook

Chapter 4

Part 1 어휘

01 Vocabulary matching

Match each image to the corresponding Korean words.

❶  •		• 선크림
❷ •		• 치약
❸ •		• 칫솔
❹ •		• 면도기
❺ •		• 립밤
❻ •		• 세일
❼ •		• 향수

02 Complete a dialogue

Choose the correct expressions to complete a dialogue between Sophia and Umid at Olive Young.

 우미드 씨, 안녕하세요! 지금 ❶ (어디 / 누구)에 가요?

 올리브영에 가요. 🧴 ❷ (면도 크림 / 선크림)이 없어요.

 저도 올리브영에 가요. 🪥 ❸ (면도기 / 칫솔)하고 치약이 없어요. 그리고 지금 올영 ❹ (세일 / 이메일)이에요.

 그래요? 같이 가요!

 좋아요.

 소피아 씨, 혹시 선크림 한 개 필요해요? 지금 1+1 이에요.

 그래요? 고마워요!!

 아, 그리고 오늘 마두카 씨가 게스트 하우스에 와요.

 그래요? 어디 ❺ (에서 / 가) 와요?

 나이지리아에서 와요.

 공항에서 어떻게 와요?

 게스트 하우스에 ❻ (픽업 / 커피) 서비스가 있어요. 사랑 씨가 ❼ (김밥 / 공항)에 가요.

* 같이 together　* 필요해요? Do you need?　* 1+1 (one plus one; 원 플러스 원) buy 1 get 1 free

에 가요

01 Fill in the blanks to indicate "somebody goes to a certain place."

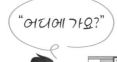

"*어디에 가요?*"

1. 하루: "편의점_____ 가요."

2. 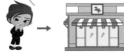 캐롤라인: "학교에 _____."

3.  우미드: "우즈베키스탄_____ _____."

4.  가브리엘: "_____ _____."

02 Fill in the blanks using 에 and 가요 to complete a dialogue.

1. **샘:** 사랑 씨, 어디____ 가요?

   사랑: 저는 공항에 _____. 오늘 픽업 서비스가 있어요.

2. **타오:** 저는 편의점에 _____. 배고파요*.

   소피아: 지금 _____? 같이 가요!

3. **지나쌤:** 프리야 씨, 오늘 학교에 _____?

   프리야: 아니요. 오늘 인도네시아* ____ 가요.

* 배고파요. I'm hungry
* 인도네시아 Indonesia

01 Fill in the blanks to indicate "somebody comes from a certain place."

"어디에서 와요?"

1. ←   우미드: "도서관에서 _____."

2. ←  타오: "PC방* _____ 와요."

3. ←  소피아: "올리브영_____ _____."

4.  가브리엘: "_____ _____."

02 Fill in the blanks using the '에서 와요' expression to complete the following dialogues.

1. **캐롤라인**: 지금 어디_____와요?

   지나쌤: 저는 공원*에서 _____. 캐롤라인 교수님은요?

2. **타오**: 사랑 씨, 어디에서 _____?

   사랑: 공항_____ _____. 여기는 our new resident, 마두카 씨예요

3. **샘**: 하루 씨, 어디_____ 와요? You look so happy!

   하루: I am! 저는 콘서트*에서 _____. The concert was fantastic!

* PC방 internet cafe
* 공원 park
* 콘서트 concert

Part 3 읽기

01 Sam emailed Sarang to inquire about the Sumbisori Guesthouse. Read the email below and answer the following questions.

New message ____ □ ✕

보낸 사람: sam@gmail.com

제목: 질문이 있어요

사랑 님께

안녕하세요? 저는 샘이에요. 호주 사람이에요. 저는 5(오)월 5(오)일에 한국에 가요.

질문이 있어요. 그 때 방이 있어요? 게스트 하우스에 냉장고*하고 세탁기*가 있어요?

그리고 저는 서울을 잘 몰라요. 공항 픽업 서비스가 있어요?

감사합니다. 안녕히 계세요.

샘 드림

Send ▾ A 📎 🔗 ☺ 🖼   ⋮ 🗑

---

1. 샘 씨는 어느 나라 사람이에요?

a) 호주   b) 일본   c) 한국

2. 샘 씨는 언제 한국에 가요?

_____ 월 _____ 일.

3. 샘 씨는 무슨 질문이 있어요?

a) _____ ?

b) _____ ?

c) _____ ?

02 Sarang replied to Sam's email. Read the email below and answer the following questions.

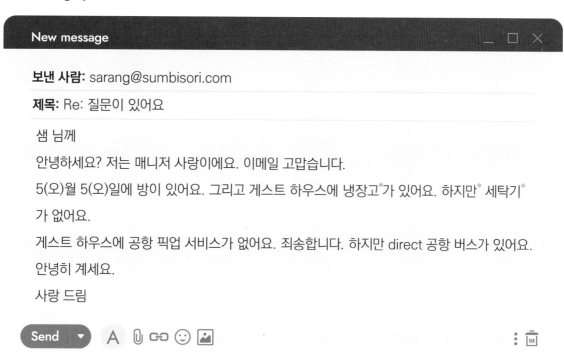

1. Fill in the boxes on the left side with Sam's queries. If the guesthouse has the item, Mark O on the right side, and X if not.

Sam's queries	O/X
방	O

2. How can Sam get to the guesthouse from the airport?

Sam can take a _____ .

* 냉장고 fridge
* 하지만 but
* 세탁기 washing machine

Part 4 듣기

Listen to the conversation about Sam shopping at Olive Young. After listening, answer the questions provided.

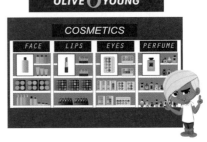

01 Tick (✔) the items Sam bought. If yes, write the quantity (몇 개예요?).

상품	몇 개요?
선 크 림 ☐	
치 약 ☐	
립 밤 ☐	
면 도 기 ☐	
마스크팩 ☐	
칫 솔 ☐	
향 수 ☐	

02 Complete the missing details on the receipt.

올리브영 영수증

상품　　　₩45,000

_____　₩500

총 금 액: ₩_____

결제 방법*: _____

*결제 방법 paid by

 **Part 5 쓰기**

You are going to Korea for a working holiday. You will stay in Korea for a few months and need some help getting ready. You found a website called Hello Korea that gives free support for people coming to Korea. You want to email 사랑 from the website to introduce yourself and ask questions.

💬 **Step 1: Plan Your Writing!**

이름: _____

나라: _____

도착 날짜: _____

도착 시간: _____

질문:

1. _____

2. _____

3. _____

🗨 Step 2: Write your email here!

New message _ □ ×

보낸 사람: jina@kor.edu.kr

받는 사람:

제목:

💡 Language Support:

→ Start your email with 'xxx 님께'

→ Greet first (안녕하세요!) before introducing yourself

→ Try to use these structures in your writing:

- …에 가요
- …에서 와요
- …이/가 있어요/없어요

→ Ask about useful things (e.g. SIM card, transport card, summer/winter clothes?)

→ Say thank you and see you soon!

→ End with 'xxx 올림 or 드림'

Part 6 Real-Life Challenge

You will introduce a beauty item that is popular or unique in your country to a Korean-speaking audience.

Step 1. Choose a beauty product from your country and fill out the details below:

product	details
이름	
특징*	
가격	
왜 인기 있어요?	

Step 2: Draw your beauty product in the box below.

Step 3: Use the following phrases to introduce your product.

- "이 제품은 [product name]입니다."
- "[feature] 있어요. 인기가 많아요."
- "가격은 [price]이에요/예요."

Example:

이 제품은 오렌지 선크림이에요. 일본 제품이에요. SPF 50이에요. 오렌지 향* 도 있어요. 인기가 많아요. 가격은 2,000엔이에요.

* 특징 feature
* 향 scent

Chapter 4 Answer

Part 1 어휘

01
❶ 칫솔
❷ 치약
❸ 립밤
❹ 면도기
❺ 선크림
❻ 향수
❼ 세일

02
❶ 어디
❷ 선크림
❸ 칫솔
❹ 세일
❺ 에서
❻ 픽업
❼ 공항

Part 2 문법

[문법 1]

01
1. 에
2. 가요
3. 에 가요
4. 산에 가요

02
1. 에, 가요
2. 가요, 가요
3. 가요, 에

[문법 2]

01
1. 와요
2. 에서
3. 에서 와요
4. 캐나다에서 와요

02
1. 에서, 와요
2. 와요, 에서 와요
3. 에서, 와요

Part 3 읽기

01
1. a
2. 5(오), 5(오)
3. a. 그 때 방이 있어요?
   b. 냉장고하고 세탁기가 있어요?
   c. 공항 픽업이 있어요?

02
1. 냉장고, O /
   세탁기, X /
   공항 픽업 서비스, X
2. direct 공항 버스

Part 4 듣기

✓ 선크림 (2 / 두 병)
✓ 치약 (3 / 세 개)
✓ 칫솔 (2 / 두 개)
✓ 향수 (5 / 다섯 병)
봉투/Plastic bag, ₩45,500, 카드/card

Part 5 쓰기 (Sample Writing)

받는 사람: xxxxxx@xxxx.com
제목: 헬로우 코리아 질문
사랑님께
안녕하세요? 저는 하루예요. 일본 사람이에요.
저는 5월 12일에 한국에 가요.
14일에 학교에 가요.
질문이 있어요. 한국에 선크림이 있어요?
학교에 와이파이와 PC가 있어요?
그리고 냉장고가 있어요?
14일에 호텔에서 와요. 픽업은 괜찮아요.
감사합니다. 안녕히 계세요.
하루 올림

Hello Korean 1
Workbook

Chapter 5

01 Look at the image below and fill in the boxes with the Korean words.

① 한강 _____ _____

② _____

③ _____ _____ _____

④ _____ _____

⑤ _____ _____

⑥ _____ _____

⑦ _____ _____ _____

02 Completing a dialogue

Choose the correct expressions to complete a dialogue between Sophia and Sam on the way to Han River Park.

 샘 씨, 우리 오늘 한강 공원에 ➊ (가요 / 와요)?

 네, 좋아요!

 그럼, 지금 먼저* ➋ (편의점 / 학교)에 가요. 배고파요.

....

 신라면 한 ➌ (병 / 개) 얼마예요?

 4,000원이에요.

 짜파게티는 얼마예요?

 4,000원이에요.

 그럼 신라면 한 개하고 짜파게티 한 개, 물 한 병 ➍ (드세요 / 주세요).

 여기 있어요. 8,800원이에요.

 아, 혹시 ▦ ➎ (돗자리 / 계란)도 있어요? 하나 주세요.

 네, 있어요. 1,200원이에요. 그럼 ➏ (천 / 만) 원이에요.

 감사합니다.

*먼저 first

-(으)세요

01 Change the following verbs into -(으)세요 form to indicate "a polite request" and fill in the blanks to complete each request.

– 세요.		– 으세요.	
가다 to go	가세요.	넣다 to put in	넣으세요.
오다 to come		읽다 to read	
누르다 to press		잡다 to hold	
기다리다 to wait		찍다 to tap (a card)	

1. Please wait for 5 minutes. ➡ 5분 ＿＿＿＿＿＿＿＿.

2. Please put more water in. ➡ 물을 더 ＿＿＿＿＿＿＿＿.

3. Please come to the party. ➡ 파티＊에 ＿＿＿＿＿＿＿＿.

4. Please read this. ➡ 이걸 ＿＿＿＿＿＿＿＿.

02 Fill in the blanks using the -(으)세요 form to complete the following dialogues.

1. 사랑: 어서 ＿＿＿＿＿＿＿＿(오다)! 24시 편의점이에요.

가브리엘: 라면 한 개 ＿＿＿＿＿＿＿＿ (주다).

사랑: 네, 여기에 카드를 ＿＿＿＿＿＿＿＿ (대다). 나무젓가락＊은 저기에 있어요.

가브리엘: 감사합니다. 안녕히 ＿＿＿＿＿＿＿＿ (계시다)!

2. 우미드: 프리야 씨, how can I use this machine? ＿＿＿＿＿＿＿＿ (알려주다).

프리야: 잠시만 ＿＿＿＿＿＿＿＿ (기다리다).

우미드: 네, 알겠어요.

> ＊파티 party
> ＊나무젓가락 wooden chopsticks
> ＊계시다 to be, stay (polite)

프리야: 먼저, 그 버튼을 ＿＿＿＿＿＿＿＿ (누르다).

01 Place the particle '에' after time expressions and fill in the blanks to complete the following sentences.

보기 봄(벚꽃)	저는 봄 에 한국에 가요.
1. (시계)	저는 _____ 학교에 가요.
2. (요일)	하루 씨는_____ 게스트 하우스에 와요.
3. (몇월)	소피아 씨는 _____ 프랑스에 가요.
4. (해)	마두카 씨는 _____ 헬스장*에 가요.
5. (달)	저는 _____ 집에 와요.

02 The image below shows a day of Umid. Answer the following questions about Umid with the appropriate time expressions and the particle '에'.

우미드의 하루	
7:20 am 🛏️	**1.** 몇 시에 공원에 가요? →
9:00 am 🏫	**2.** 몇 시에 학교에 가요? →
5:00 pm 🏋️	**3.** 몇 시에 헬스장에 가요? →
8:45 pm 🏠	**4.** 몇 시에 집에 가요? →

*봄 spring *헬스장 gym

 **Part 3 읽기**

01 These are the instructions for preparing 짜파게티 cup noodles. Read it carefully and answer the following questions.

짜파게티 컵라면 조리 순서

1 면과 스프를 넣으세요.

2 뜨거운 물*을 넣으세요.

3 4분 기다리세요.

4 면과 스프를 비비세요*.

5 맛있게 드세요.

1. Look at the images below and arrange them in the correct order to prepare 짜파게티 컵라면.

A	B	C	D	E
4 min	면&스프 비비기*	뜨거운 물 kettle	완성	면 & 스프

_____ → _____ → _____ → _____ → _____

2. Which of the following ingredients is not included in the instructions?

a) 물   b) 면   c) 계란   d) 스프

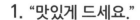

02 Match each (으)세요 expression to related places.

1. "맛있게 드세요." ●   ● 버스

2. "선크림 한 개 주세요." ●   ● 공항

3. "티머니 카드를 대세요." ●   ● 학교

4. "여권하고 티켓 보여주세요 ." ●   ● 식당

5. "'Annyeong? Korean!' 읽으세요." ●   ● 올리브영

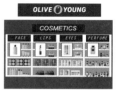

* 뜨거운 물 hot water
* 비비다 to mix
* 보여주다 to show
* 식당 restaurant

Listen carefully to the conversation between Haru and the staff. Find out what food and items Haru buys!

01 Tick(✓) the items Haru orders.

상품명		Ordered?
	(라면)	
	(계란)	
	(젓가락)	
	(돗자리)	
	(물)	
	(카드)	

02 Read the following summary. 🖉 The summary has 5 mistakes! Underline (___) the incorrect part and write the correct answer below. The first example has been provided for you.

하루는 학교에 가요. 하루는 라면을 주문해요*. 계란이 비싸요*.

PC 방

라면하고 버튼을 사요. 세 시에 필요해요. 하루는 현금으로 결제해요.

총* 6,000원이에요.

 **Part 5 쓰기**

You already know how to make Korean ramyeon (라면). Now, you will write your own new style of ramyeon! What ingredients do you like? What do you want to add? Let's make 나만의 라면 — your own special style of ramyeon!

💬 Step 1. Choose Your Extra Ingredients

Choose 2-3 things you want to add to the ramyeon. Use Korean words you know.

예: 치즈*, 김치*, 계란, 떡*, 만두*, 참치*, 콩나물*, 파*…

💬 Step 2. Write Your Ramyeon Name

Make a fun name for your new ramyeon! Use this pattern: [재료*] + 라면

예: 치즈라면, 김치라면, 떡만두라면

💬 Step 3. Write Your Recipe!

Write a new ramyeon recipe to include your extra ingredients.

* 주문하다 to order * 비싸다 to be expensive * 총 in total * 치즈 cheese * 김치 kimchi * 떡 rice cake
* 만두 dumplings * 참치 tuna * 콩나물 bean sprout * 파 green onion * 재료 ingredient

💬 Design your recipe now!

〈　　　　　　　　　　　　　　　　　　　　　〉
재료:
1.
2.
3.
4.
5.

💡 Language Support:

- Use (으)세요 for polite cooking steps
- Use Korean food words you already know
- Use 과 / 와 or 하고 for 'and' (예: 치즈와 계란)

Part 6 Real-Life Challenge

In Korea, many people spend their free time at 한강. They relax, eat 라면, and enjoy the view. Now, introduce a similar place in your country where people like to gather, eat, and relax!

Step 1. Introduce a Similar Place in Your Country

Think about a place where people relax, eat, or gather in your country.

질문	내 답변
그곳 이름은 뭐예요?	✎
어디에 있어요?	✎
사람들이 거기서 뭐 해요?	✎
거기서 뭐 먹어요?	✎

Step 2. Give Advice to a Korean Friend

Imagine a Korean friend is visiting! Give them polite suggestions using (으)세요.
e.g. 공원에 돗자리를 놓으세요. 저녁에 친구하고 같이* 이야기하세요. 피자를 드세요!

Your answers:

- _____
- _____
- _____

Step 3. Speak Aloud!

Use your answers from Step 1 and Step 2. Practice speaking!

뛸르리 공원에서 친구하고 같이 시간을 보내세요. *저녁에 사람이 많아요. 공원에 돗자리를 놓으세요. 친구하고 같이 이야기하세요. 그리고 크레페를 드세요. 피자도 드세요!*

💡 Language Support:

- (place)에서 시간을 보내세요.
- (person)하고 같이 이야기하세요.
- (food)을/를 드세요.

* …하고 같이 with …
* 시간을 보내다 to spend time

Chapter 5 Answer

Part 1 어휘

01
❶ 공원
❷ 물
❸ 돗자리
❹ 담요
❺ 계란
❻ 라면
❼ 젓가락

02
❶ 가요
❷ 편의점
❸ 개
❹ 주세요
❺ 돗자리
❻ 만

Part 2 문법

[문법 1]

01

오세요	읽으세요
누르세요	잡으세요
기다리세요	찍으세요

1. 기다리세요
2. 넣으세요
3. 오세요
4. 읽으세요

02
1. 오세요, 주세요,
   대세요, 계세요
2. 알려주세요,
   기다리세요,
   누르세요

[문법 2]

01
1. 열 시에 / 10시에
2. 일요일에
3. 4월에
4. 아침에 / 오전에
5. 저녁에 / 밤에

01
1. (아침 / 오전) 일곱 시 이십 분에 / 7시 20분에 공원에 가요.
2. (아침 / 오전) 아홉 시에 / 9시에 학교에 가요.
3. (오후) 다섯 시에 / 5시에 헬스장에 가요.
4. (오후 / 저녁) 여덟 시 사십오 분에 / 8시 45분에 집에 와요.

Part 3 읽기

01
1. E ⇒ C ⇒ A ⇒ B ⇒ D
2. c

02
1.식당 2.올리브영 3.버스 4.공항 5.학교

Part 4 듣기

01
Bought: 라면, 계란, 카드

02
하루는 **학교**에 가요. → 하루는 **PC방**에 가요.
계란이 비싸요. → **물**이 비싸요.
마지막에 **라면하고 버튼**을 사요. → 마지막에 **라면(만)** 사요.
세 시에 필요해요. → **지금** 필요해요.
하루는 **현금**으로 결제해요. → 하루는 **카드**로 결제해요.

Part 5 쓰기 (Sample Writing)

김치참치라면 재료: 라면, 김치, 참치, 계란, 파
1. 물을 끓이세요.
2. 물이 끓으면 라면을 넣으세요.
3. 김치와 참치를 넣으세요.
4. 계란을 넣으세요.
5. 마지막에 파를 넣으세요.
맛있게 드세요!

Hello Korean 1
Workbook

Chapter 6

01 Vocabulary matching

Match each image to the corresponding Korean words.

❶  •　　　　　• 주중

❷  •　　　　　• 주말

❸  •　　　　　• 박물관

❹  •　　　　　• 듣다

❺  •　　　　　• 무료

❻  •　　　　　• 전시회

❼  •　　　　　• 구경하다

02 Completing a dialogue

Choose the correct expressions to complete a dialogue between Sarang and Haru about what to do on the weekend.

 내일 토요일이에요 하루 씨, ❶ (주말 / 주중)에 뭐 해요?

 아직 계획*이 ❷ (있어요 / 없어요). 박물관 좀 추천해 주세요.

 용산에 국립중앙박물관*이 있어요. 거기 어때요?

 좋아요! 저는 역사 ❸ (버스 / 공부)를 좋아해요.

 지금 거기서 역사 전시회가 있어요. ❹ (구경하세요 / 들으세요).

 추천 고마워요, 사랑 씨. 가이드 투어도 있어요?

 네! 일본어도 있어요.

 그런데 혹시 관람료가 얼마예요?

 국립중앙박물관은 관람료가 없어요. ❺ (무료 / 언어)예요.

 그리고 혹시 토요일에도 열어요?

 네, 내일 ❻ (휴관 / 추천)이 아니에요.

 알겠어요. 고마워요!

*계획 plan *국립중앙박물관 National Museum of Korea

Part 2 문법

1 문법 **-아/어요**

01 Change the following verbs into -아/어요 form to indicate "the present tense" and fill in the blanks to complete each sentence.

-아요.		-어요.		-해요.	
가다	가요.	먹다	먹어요.	하다	해요.
보다		주다		좋아하다	
사다		찍다		일하다	
팔다		배우다		구경하다	
만나다		기다리다		설명하다	

e.g. 듣다 → 들어요. 걷다 → 걸어요.

1. Where do you meet Jina Saem?

   ➡ 어디에서 지나쌤을 _____?

2. Gabriel learns Korean.

   ➡ 가브리엘 씨는 한국어를 _____.

3. Haru likes K-pop.

   ➡ 하루 씨는 케이팝을 _____.

4. Sarang buys sunscreen.

   ➡ 사랑 씨는 선크림을 _____.

5. I work at a museum.

   ➡ 저는 박물관에서 _____.

6. Sam waits for Umid.

   ➡ 샘 씨는 우미드 씨를 _____.

2 문법 을/를

01 Connect each noun to the most corresponding verb. Then, using these vocabularies and 을/를, complete the following dialogues.

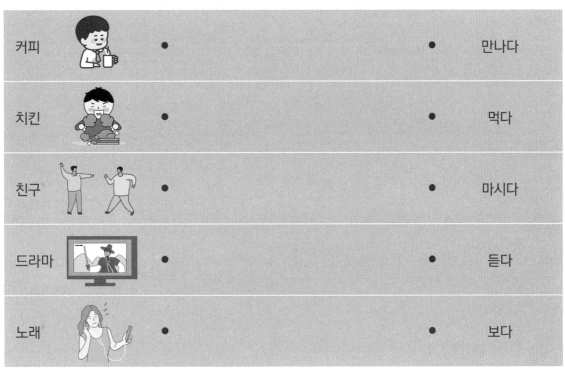

커피	● ●	만나다
치킨	● ●	먹다
친구	● ●	마시다
드라마	● ●	듣다
노래	● ●	보다

1. 우미드: 타오 씨, 오늘 누구를 만나요?

   타오: _____ .

2. 하루: 소피아 씨, 커피숍에 있어요? 뭘 마셔요?

   소피아: _____ .

3. 캐롤라인: 마두카 씨, 지금 뭐 봐요?

   마두카: 한국 _____ .

4. 지나 쌤: 사랑 씨, 저녁에 뭘 먹어요?

   사랑: _____ .

5. 사랑: 쌤 씨, 지금 뭐 해요?

   쌤: 케이팝 _____ .

3 문법 에서

01 Look at the images below and complete the following sentences using 에서 to indicate where a certain action happens.

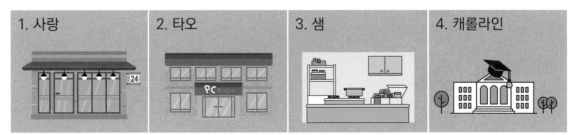

1. 사랑 씨가 _____ 일해요.

2. 타오 씨가 _____ 게임*을 해요.

3. 샘 씨가 _____ 요리해요*.

4. 캐롤라인 씨가 _____ 역사를 가르쳐요*.

02 Write down possible answers to the following questions, using 에서, 을/를, and -아/어요.

1. 어디에서 한국어 공부를 해요?
   → A1: _____

2. 집에서 뭐 해요?
   → A2: _____

3. 어디에서 친구를 만나요?
   → A3: _____

4. 한국에서 뭐 먹어요?
   → A4: _____

*친구 friend *노래 song *게임 game *요리하다 to cook *가르치다 to teach

Part 3 읽기

01 The following brochure provides information about visiting the National Museum of Korea in Seoul. Read it carefully and answer the following questions about the museum.

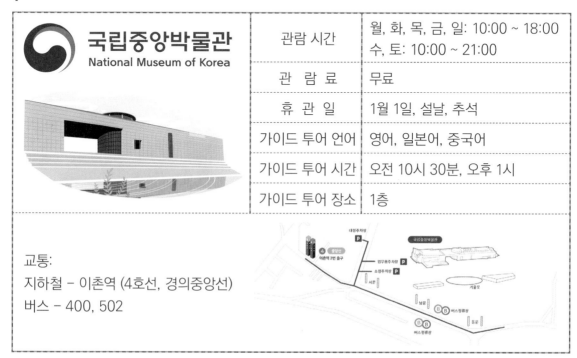

관람 시간	월, 화, 목, 금, 일: 10:00 ~ 18:00 수, 토: 10:00 ~ 21:00
관 람 료	무료
휴 관 일	1월 1일, 설날, 추석
가이드 투어 언어	영어, 일본어, 중국어
가이드 투어 시간	오전 10시 30분, 오후 1시
가이드 투어 장소	1층

교통:
지하철 – 이촌역 (4호선, 경의중앙선)
버스 – 400, 502

1. Which of the following is the <u>least</u> likely scene at the National Museum of Korea?

   a) 사랑 씨가 지하철을 타고 박물관에 가요.
   b) 캐롤라인 씨가 수요일 저녁 7시에 박물관에 가요.
   c) 박물관이 1월 1일에 열어요.
   d) 타오 씨가 중국어 가이드 투어를 들어요.

2. Mark O if the statement is correct and X if it is not.

   a) 국립중앙박물관은 관람료가 4,000원이에요. (O, X)
   b) 일본어 투어가 있어요. (O, X)
   c) 가이드 투어 선생님을 2층에서 만나요. (O, X)

3. When does the museum close this year?(Try to search for the exact date this year!)

   _____, _____, _____

Part3

02 The text below describes a modern art exhibition. Read it thoroughly and answer the following questions.

> 전시회 제목은 "한국 현대* 미술을 느끼다*"예요. 전시회는 2월 5일부터 7월 12일까지 열어요. 시간은 오전 10시부터 오후 6시까지예요. 매주 월요일에 쉬어요.
>
> 오디오 가이드*가 필요해요? 그럼 1층 안내 데스크에서 QR을 찍으세요. 그리고 앱*을 다운받으세요*.

1. Complete a brochure of the exhibition with the provided information.

[   ] 현대 [   ]을 느끼다

기간*: 2월 [   ] - [   ] 12일
시간: 오전 10시 - [   ]
휴관: 매주 [   ]

* 현대 미술 modern art
* 느끼다 to feel
* 기간 period
* 오디오 가이드 audio guide
* 앱 application
* 다운받다 to download

2. 어디에서 오디오 가이드 앱을 다운받아요?

_____

Part 4 듣기

Listen carefully to the information about the Fandom Museum. Help Sarang complete her notes by filling in the blanks with the correct words from the audio.

🎤 📹 **팬덤 박물관에 오세요!** 🎙️ 📻

🎭 **팬덤 박물관?**

- 케이팝 팬의 박물관

- _____, 영화, 음악, 그리고 게임 팬 문화[*] 공부

💵 **입장료**[*]

- _____원

- _____과 _____ 무료!

🕐 **운영 시간**

- 화요일 ~ 일요일: 오전 _____시 ~ 오후 7시

- 월요일: 박물관 _____

🛗 **우리 박물관은 … 있어요!**

- ✔ _____

- ✔ 엘리베이터

- ✔ _____서비스

- ✖ _____ 찍기

☑ **추천**[*]

- _____에 오세요. ✔

- 요즘 팬덤 _____ & 콘서트 있어요!

---

[*]문화 culture [*]입장료 admission fee; [*]추천 recommendation

 **Part 5 쓰기**

Your best friend is visiting Seoul! Create a tour map and write a short paragraph to guide them to the best places.

Step 1. 서울 지도

Draw 3-5 places you recommend in Seoul!

- 박물관, 카페, 지하철역, 유명한 장소, …

Step 2. 문장 쓰기 연습하기

❶ 친구의 여행을 소개하세요. (어디에 가요? 언제 가요?)

❷ 장소에서 무엇을 해요?

Tip: Use -아/어요, -을/를, and 에서 + 동사

💬 Step 3. Full Writing - Describe the Tour

💡 Language Support:

- 먼저 (First), 그다음에 (Next), 그리고 (And then), 마지막으로 (Finally)
- 또 (also), 특히 (especially)
- 정말 (really), 제일 (the best)

Part 6 Real-Life Challenge

Your Korean friend is visiting your hometown! Introduce a famous museum and explain what they can do there.

Step 1. 박물관 선택하기*

Think of a famous museum in your hometown! Write the name in Korean.

e.g. ____국립 박물관, ____역사 박물관, ____과학 박물관, ____미술관

Step 2. 이 박물관의 특별한* 점은?

• 이 박물관은 어디에 있어요?

• 이 박물관에는 무엇이 있어요?

e.g. 전시회가 있어요./ 유명한 그림이 있어요. 체험 공간이 있어요.

• 박물관에서 무엇을 해요?

e.g. 역사를 배워요. 사진을 찍어요.

Step 3. 박물관을 소개하세요!

Now, introduce the museum in Korean!

"제 고향에는 역사 박물관이 있어요. 이 박물관은 기차역 옆에 있어요.
박물관에는 유물*이 많이 있어요. 박물관에서 전시회를 보고 역사를 배워요.
아주 재미있어요. 같이 가요!"

* 선택하다 to choose
* 특별하다 to be special
* 유물 relic

Part 1 어휘

01
❶ 박물관
❷ 주중
❸ 주말
❹ 무료
❺ 듣다
❻ 구경하다
❼ 전시회

02
❶ 주말
❷ 없어요
❸ 공부
❹ 구경하세요
❺ 무료
❻ 휴관

Part 2 문법

[문법 1]

01

봐요.	줘요.	좋아해요.
사요.	찍어요.	일해요.
팔아요.	배워요.	구경해요.
만나요.	기다려요.	설명해요.

1. 만나요 2. 배워요 3. 좋아해요 4. 사요
5. 일해요 6. 기다려요

[문법 2]

01 커피-마시다 / 치킨 – 먹다 / 친구 – 만나다 / 드라마 – 보다 / 노래 – 듣다

1. 친구를 만나요.   2. 커피를 마셔요.
3. 드라마를 봐요.   4. 치킨을 먹어요
5. 노래를 들어요.

[문법 3]

01 1. 편의점에서 2. PC방에서 3. 부엌에서
   4. 대학교에서

02 (Sample answers)
A1: 학교 도서관에서 한국어 공부를 해요.
A2: 집에서 커피를 마셔요.
A3: 노래방에서 친구를 만나요.
A4: 한국에서 비빔밥을 먹어요.

Part 3 읽기

01
1. c
2. a. X b. O c. X
3. example: 1월 1일, 설날(1월 29일), 추석(10월 6일) (2025년)

02
1. 한국, 미술, 5일, 7월, 오후 6시, 월요일
2. 1층 안내 데스크

Part 4 듣기

드라마
7,000
수요일, 금요일
10시
휴관
가이드 투어
휠체어
사진
주중
전시회

Part 5 쓰기

아델 씨가 서울에 와요! 박물관과 한강 공원, 명동에 가요. 화요일에 팬덤 박물관에 가요. 박물관에서 K-드라마와 K-POP을 배워요. 그리고 가이드 투어를 들어요. 사진도 찍어요. 수요일에 한강 공원에서 콘서트를 해요! 사람이 많이 와요.
콘서트에서 노래를 들어요. 금요일에 명동 카페에서 친구를 만나요. 케이크를 먹어요. 그리고 K-POP 굿즈 가게에서 포토카드를 사요.
아델 씨, 서울 정말 재미있어요! 꼭 오세요!

Vocabulary Review

같이 together
필요해요? Do you need?
배고파요. I'm hungry
인도네시아 Indonesia
PC방 internet cafe
공원 park
콘서트 concert
냉장고 fridge
하지만 but
세탁기 washing machine
결제 방법 paid by
특징 feature
향 scent
먼저 first
파티 party
나무젓가락 wooden chopsticks
계시다 to be, stay (polite)
봄 spring

헬스장 gym
뜨거운 물 hot water
비비다 to mix
보여주다 to show
식당 restaurant
주문하다 to order
비싸다 to be expensive
총 in total
치즈 cheese
김치 kimchi
떡 rice cake
만두 dumplings
참치 tuna
콩나물 bean sprout
파 green onion
재료 ingredient
…하고 같이 with …
시간을 보내다 to spend time

계획 plan
친구 friend
노래 song
게임 game
요리하다 to cook
가르치다 to teach
현대 미술 modern art
느끼다 to feel
기간 period
오디오 가이드 audio guide
앱 application
다운받다 to download
문화 culture
입장료 admission fee;
추천 recommendation
선택하다 to choose
특별하다 to be special
유물 relic

※ 1+1 (one plus one; 원 플러스 원) buy 1 get 1 free
※ 국립중앙박물관 National Museum of Korea

Hello Korean 1
Workbook

Chapter **7**

 **Part 1 어휘**

01 Vocabulary matching

Below is a vocabulary list of beverages and desserts. Complete the menu by placing them in the correct blanks.

| 식혜   홍차   아메리카노   약과   수정과   인삼차   송편   시나몬 커피 |

메뉴 Menu

⎯○ 커피 ○⎯

(아이스)_____

(아이스)_____

(아이스) 라테

⎯○ 전통 음료 ○⎯

_____

미숫가루*

⎯○ 차 ○⎯

_____

보리차*

_____

⎯○ 전통 과자 ○⎯

강정

_____

* 미숫가루 misugaru (a traditional Korean beverage made from roasted grains like barley, black rice, and soybean)   * 보리차 barley tea

02 Completing a dialogue

Choose the correct expressions to complete a
dialogue between Tao and Priya at a traditional
Korean teahouse.

《📱》프리야 씨, 어디에 있어요?

지금 찻집에서 전통 차 한 잔 마셔요. 타오 씨도 전통 ❶ (음료 / 음악) 좋아해요?

네, 좋아해요. 같이 ❷ (마셔요 / 먹어요). 찻집*이 어디에 있어요?
저는 지금 PC방 앞에 있어요.

그럼 먼저 ❸ (아메리카노 / 횡단보도)를 건너세요. 그리고 쭉 오세요.
오른쪽에 있어요.

알겠어요.

...

프리야 씨는 무슨 차를 마셔요?

저는 인삼차를 마셔요.

인삼차가 달아요?

❹ (네 / 아니요), 안 달아요. 써요.

그럼 저도 차가운 인삼차 한 ❺ (잔 / 병) 주세요.

여기 있습니다.

인삼차 맛*이 어때요? 괜찮아요?

써요. 그런데 좋아요. 그런데 이 찻집에 디저트도 있어요?

전통 ❻ (라면 / 과자)가 있어요. 저는 약과를 추천해요.

너무 좋아요! 🌻 음~ 맛이 조금 ❼ (달아요 / 걸어요).

*음악 music　*찻집 teahouse　*맛 taste　*자주 often

Part 2 문법

 안

01 Change the following verbs into the '안' form to indicate "a negative meaning" and fill in the blanks to complete the dialogues below.

O	X	O	X
먹어요.	안 먹어요.	수영해요.	수영 안 해요.
배워요.		일해요.	
사요.		공부해요.	
열어요.		좋아해요.	

1. 캐롤라인: 오늘 박물관이 열어요? ➡ 사랑: 아니요, _____. 오늘 휴관이에요.

2. 샘: 오늘 회사에 가요? ➡ 우미드: 오늘 휴일*이에요. _____.

3. 소피아: 하루 씨, 케이팝 댄스를 배워요? ➡ 하루: 아니요, _____.Maybe later.

02 Look at the images below and describe each using the '안' form.

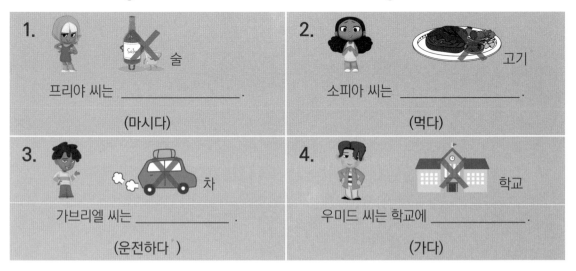

1. 술 프리야 씨는 _____. (마시다)	**2.** 고기 소피아 씨는 _____. (먹다)
3. 차 가브리엘 씨는 _____ . (운전하다*)	**4.** 학교 우미드 씨는 학교에 _____. (가다)

* 휴일 day off, holiday * 고기 meat * 운전하다 to drive

2 문법 (으)로

01 Add the particle '(으)로' after each word to indicate "a direction toward a place" and fill in the blanks to complete the sentences below.

으로		로	
왼쪽	왼쪽으로	입구*	입구로
오른쪽		출구*	
이쪽		학교	
1층		화장실	

Exception: ㄹ받침 + 로

1. Please go left. ➡ _____ 가세요.

2. Please go towards the exit on the first floor. ➡ 1층에서 _____ 가세요.

3. Please go straight this way. ➡ _____ 쭉 가세요.

02 Look at the images below and complete the dialogues by filling in the blanks using (으)로.

1.
[서울 고등학교*]

사랑: 기사님, _____ 가 주세요.

택시 기사: 네, 알겠습니다.

2.
[오른쪽, 왼쪽]

가브리엘: 마두카 씨, 저는 지금 편의점에 있어요. 찻집에 어떻게 가요?

마두카: 횡단보도를 건너세요. 그리고 _____ (오른쪽) 가세요.
그 다음에 _____ (왼쪽) 가세요.

3.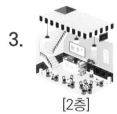
[2층]

샘: 우미드 씨, 어디에 있어요?

우미드: 지금 2층에 있어요. _____ (2층) 오세요.

* 입구 entrance   * 출구 exit   * 고등학교 high school

01 Sam is using a map app to navigate Seoul. Look at the map app screen and answer the following questions.

출발: 게스트 하우스

6분 걸어요.

8분, 5정류장

11분, 6역

3분 걸어요.

도착: 전통 찻집

1. 샘은 지금 어디에 있어요? _____

2. 샘은 어디로 가요? _____

3. 샘이 버스를 타요. 시간이 얼마나 걸려요? _____

4. 샘이 지하철을 타요. 몇 개 역을 가요? _____

5. 출발부터 도착까지 시간이 얼마나 걸려요? _____

02 Sam is texting Sophia about where to meet each other. To complete the instructions, arrange the provided expressions in the correct order.

| 오른쪽으로 가세요. | 왼쪽으로 가세요. | 쭉 가세요. | 횡단보도를 건너세요. |

소피아 씨, 먼저 1. _____

2. 그 다음에 _____

3. _____

4. 그리고 _____ 오른쪽에 찻집이 있어요.
   거기에서 곧* 만나요.

곧 soon

Part 4 듣기

Sarang recommends a restaurant to Sam, but Sam doesn't know how to get there! Listen to Sarang's voice message carefully and help Sam complete the map by filling in the missing locations.

(Note: Some boxes may not need an answer.)

| 초코 식당 | | |

| | | |

| 이대역 |

| 초콜릿 식당 | | |

| | |

What does Sarang mention about what the restaurant has? Listen and check (✔)!

 Part 5 쓰기

You are writing a blog post about your favorite café! Describe what you do there and give suggestions for visitors.

🗨 Step 1. 카페 소개

카페 이름: _____

어디에 있어요?: _____

🗨 Step 2. 내가 하는 일 & 안 하는 일

☑ 저는 카페에서… 해요.

- _____
- _____
- _____

✕ 저는 카페에서… 안 해요.

- _____
- _____
- _____

Useful Vocabulary & Expressions
음료를 마시다 / 게임을 하다 / 친구와 이야기하다 / 영화를 보다 / 책을 읽다 / 음악을 듣다 / 음식을 먹다

추천하는 것:

- _____
- _____
- _____

💡 Language Support:

- 꼭 (v)~ 아/어 보세요. (You should definitely try...)

📱 Example:

꼭 초코 케이크를 먹어 보세요! / 책을 읽어 보세요.

💬 Step 3. 추천 & 조언

_____카페

안녕하세요, 여러분! 저는 친구와 자주 가는 카페가 있어요. 이름은

_____이에요/예요. _____에 있어요!

(✔) 저는 카페에서 …
_____

_____

_____

_____

(✗) 그리고 저는 카페에서 …
_____

_____

_____

_____

꼭 해 보세요!
_____

☑ _____

☑ _____

☑ _____

~ 감사합니다! ~

Part 6 Real-Life Challenge

Describe a 맛집 near your home and explain how to get there!

💬 Step 1. 우리 동네 지도를 그리세요!

Draw a simple map of your neighbourhood, including:

- 우리 집
- 맛집
- 중요한 장소 (e.g., 병원, 카페, 공원, 지하철역)

💬 Step 2. 길을 안내하세요!

Explain how to get from your home to the restaurant in Korean!

💡 Useful Phrases for Directions:

- 우리 집에서 나와서 (방향)으로 가세요.
- 직진하세요. 횡단보도를 건너세요.
- (장소) 근처에 있어요.

💬 Step 3. 맛집을 추천하세요!

What should people try at the restaurant?

💡 Example Suggestions:

- 꼭 (음식)을/를 먹어 보세요!
- (음식)이 진짜 맛있어요!
- (음식)을 추천해요!

💬 Step 4. Say it aloud!

"우리 집에서 나와서 오른쪽으로 가세요. 횡단보도를 건너세요. 그리고 공원 앞까지 계속 직진하세요. 공원 옆에 노란색 건물이 있어요. 그 건물이 맛집이에요. 거기에서 한국 음식을 꼭 먹어 보세요. 김밥이 진짜 맛있어요. 특히* 참치김밥을 추천해요!"

특히 especially

Chapter 7　Answer

Part 1 어휘

01

아메리카노	식혜
시나몬 커피	수정과
홍차	약과
인삼차	송편

(order can vary)

02

❶ 음료
❷ 마셔요
❸ 횡단보도
❹ 아니요
❺ 잔
❻ 과자
❼ 달아요

Part 2 문법

[문법 1]

01

안 배워요.	일 안 해요.
안 사요.	공부 안 해요.
안 열어요.	안 좋아해요.

1. 안 열어요 2. 일(을) 안 해요 3. 안 배워요

02

1. 술을 안 마셔요 2. 고기를 안 먹어요
3. 운전(을) 안 해요 4. 안 가요

[문법 2]

01

오른쪽으로	출구로
이쪽으로	학교로
1층으로	화장실로

1. 왼쪽으로 2. 출구로 3. 이쪽으로

02

1. 서울 고등학교로
2. 오른쪽으로, 왼쪽으로
3. 2층으로

Part 3 읽기

01

1. 게스트 하우스 2. 전통 찻집 3. 8분
4. 6개 5 . 28분

02

1. 쭉 가세요.　2. 오른쪽으로 가세요.
3. 횡단보도를 건너세요.　4. 왼쪽으로 가세요.

Part 4 듣기

☑ 홍차, 인삼차, 수정과, 고양이

Part 5 쓰기 (Sample Writing)

〈고양이 카페〉

안녕하세요, 여러분! ☺
저는 친구와 자주 가는 카페가 있어요. 이름은 고양이
카페예요. 병원 옆에 있어요. 분위기가 정말 좋아요!

카페에서 제가 하는 일!

저는 보통 홍차하고 커피를 마셔요. 인삼차도 마셔요.
인삼차는 몸에 좋아요. 그리고 친구와 같이 게임을 해
요. 하지만 카페에서 일을 안 해요. 공부도 안 해요.

꼭 해 보세요!

☑ 수정과를 마셔 보세요!
☑ 고양이와 놀아 보세요!
☑ 아이스크림을 먹어 보세요!

Hello Korean 1
Workbook

Chapter 8

01 Vocabulary matching

Match each image to the corresponding Korean expressions.

 ① •　　　•　게임하다

 ② •　　　•　등산하다

 ③ •　　　•　요리하다

 ④ •　　　•　여행하다

 ⑤ •　　　•　수영하다

 ⑥ •　　　•　사진을 찍다

 ⑦ •　　　•　야구 경기를 보다

02 Completing a dialogue

Choose the correct expressions to complete a dialogue between Sophia and Tao about their hobbies.

 타오 씨, 어제 뭐 했어요?

 저는 게임을 좋아해요. 그래서 ① (어제 / 내일) e-sports 경기장에 갔어요.

 거기서 뭐 했어요?

 롤 경기를 ② (왔어요 / 봤어요). 그리고 선수하고 같이 ③ (사진 / 여행)도 찍었어요!

 대박!!

 그런데 선수 사인은 못 ④ (받았어요 / 마셨어요). 소피아 씨는 취미가 뭐예요?

 저는 야구를 좋아해요. 지난 주말에 야구 ⑤ (경기 / 요리)를 봤어요.

 서울에 야구 경기장이 있어요?

 네, 게스트 하우스에서 30분 걸려요.

 경기장에서 뭐 했어요?

 먼저 치킨을 ⑥ (먹었어요 / 쉬었어요). 맛있었어요.
그리고 응원가*를 ⑦ (만났어요 / 불렀어요).

 우와, 대박! 다음에 같이 가요..

 알겠어요. 좋아요!

Part 2 문법

1 문법 -았/었어요

01 Change the following verbs into '-았/었어요' form to indicate "the past tense" and fill in the blanks to complete the sentences below.

았어요.		었어요.		했어요.	
가다	갔어요.	먹다	먹었어요.	요리하다	요리했어요.
오다		읽다		수영하다	
보다		주다		공부하다	
받다		기다리다		등산하다	

1. 마두카 씨는 주말에 넷플릭스* 드라마를 _____ .

2. 가브리엘 씨는 어제 약과를 _____ .

3. 소피아 씨는 아침에 수영장*에서 _____ .

4. 샘 씨는 일요일에 북악산을 _____ .

02 Write possible answers to the following questions in the past tense.

1. 어제 뭐 먹었어요?

→ A1: _____

2. 지난 주말에 뭐 했어요?

→ A1: _____

3. 작년에 어디에 갔어요?

→ A1: _____

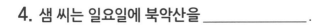

* 넷플릭스 Netflix * 수영장 swimming pool

2 문법 못

01 Look at the images below and describe each one using the '못' form to express that "somebody cannot do something."

1. 타오 씨는 _____.
(수영하다)

2. 캐롤라인 씨는 _____.
(먹다)

3. 우미드 씨는 _____.
(읽다)

4. 사랑 씨는 _____.
(운전하다)

02 Fill in the blanks in the following dialogues using the '못' form.

1. 마두카: 사랑 씨, 저녁 먹었어요?

사랑: 아니요, 아직 _____. 오늘 너무 바빠요.

2. 지나쌤: 한국어 숙제를 했어요?

학생: 아니요, _____. 시간이 없었어요.

3. 샘: 주말에 등산했어요?

소피아: 아니요, _____. 날씨가 안 좋았어요.

4. 가브리엘: 주말에 여행했어요?

우미드: 아니요, _____. 일했어요.

---

*매운 음식 spicy food *한자 hanja, Chinese character *숙제 homework *날씨 weather

 **Part 3 읽기**

01 Sophia's blog shares her life in Korea. What did she do over the weekend? Read it carefully and answer the following questions.

Naver Blog

여러분, 안녕하세요!

소피아예요. 잘 지냈어요? 저는 잘 지냈어요.

저는 야구를 좋아해요. 특히 '서울 프렌즈(Friends)' 야구 팀*을 좋아해요.

지난 주말에 샘 씨, 하루 씨하고 같이 야구 경기장에 갔어요. 거기서 '서울 대* 부산' 경기를 봤어요. 같이 셀카*도 찍었어요. 그리고 응원가를 불렀어요. 정말 재미있었어요.

저녁에 공원에서 친구들하고 같이 라면을 먹었어요. 맥주도 마셨어요. 그래서 운전을 못 했어요.

여러분도 야구 경기장에 가 보세요! 정말 재미있어요!

저는 다음 주에 등산해요. 북악산에 가요.

안녕히 계세요!

---

1. 소피아 씨는 뭐를 좋아해요?

a) 야구   b) 수영   c) 게임   d) 요리

2. 소피아 씨는 야구 경기장에서 뭐 했어요?

a) _____

b) _____

c) _____

3. 소피아 씨는 왜 운전을 못 했어요?

a) 바빴어요.   b) 일했어요.   c) 피곤했어요*.   d) 맥주를 마셨어요.

4. 소피아 씨는 다음 주에 뭐 해요?

_____ .

*팀 team *대 vs. *셀카 selfie *피곤하다 to be tired

Part 4 듣기

Listen to the conversation between Gabriel and Sophia and answer the questions below.

01 Decide whether the following statements are true(✓) or false (✗).

1. 소피아는 친구들과 농구를 했어요. (　　)

2. 지난 주에도 소피아는 친구들과 롤을 했어요. (　　)

3. 소피아의 팀이 경기에서 이겼어요. (　　)

4. 가브리엘은 롤을 해 본 적이 있어요. (　　)

5. 소피아는 아침에 가브리엘에게 롤을 가르쳐 줄 거예요. (　　)

02 Answer the following questions in Korean based on what you heard. Use in short answers.

1. 소피아는 주말에 무엇을 했어요?

　　_____ 했어요.

2. 소피아는 롤을 어디에서 했어요?

　　_____

3. 소피아의 팀은 경기에서

이겼어요, 졌어요?

　　_____

4. 가브리엘은 롤을 해 봤어요?

　　_____

5. 소피아와 가브리엘은 내일 언제 만나요?

　　_____

Part 5 쓰기

Imagine you are playing your favourite game! Draw a 4-panel comic (네컷 만화) and write simple sentences to describe what happens.

🗨 Step 1. Brainstorming!

Some tips:

- Panel 1: 게임 시작! (누가 게임을 해요? 어떤 게임이에요?)
- Panel 2: 무슨 일이 일어나요? (문제가 생겼어요? 큰 순간이 있어요?)
- Panel 3: 이겼어요, 졌어요? (경기가 어떻게 끝나요?)
- Panel 4: 반응! (기분이 어때요? 다음에 무슨 일이 있어요?)

🗨 Step 2. 문장을 쓰세요!

- Write 2-3 sentences for each panel. Use past tense (았어요/었어요).
- Look at the relevant words in this list:

> 이기다 to win / 지다 to lose / 응원하다 to cheer / 놀이터 playground / 쉬는 시간 break time
> / 경기 match / 선수 player / 행복하다 to be happy / 속상하다 to be upset

💡 Language Support:

- 시작하기 ▶ 오늘 / 지난 주 / 어제 + (게임 이름)을 했어요.
  - ▶ (게임 이름)이/가 재미있었어요.
- 경기 이야기하기 ▶ 이겼어요 / 졌어요.
- 기분 표현하기 ▶ 조금 속상했어요.
  - ▶ 쉬고 싶었어요.

💬 Write the description for your comic!

Part 6 Real-Life Challenge

Think about a game you played when you were a child. It can be a playground game, a board game, or a video game.

Step 1. 게임 이름을 말하세요!

- 이 게임 이름은 (   )이에요/예요.

Step 2. 언제, 어디에서 했어요?

- 저는 어렸을 때 이 게임을 했어요.
- 저는 (장소)에서 했어요.

Step 3. 게임 방법을 그리세요!

게임 방법을 설명해주세요!

- 이 게임은 (한 명 / 두 명 / 친구들) 같이 해요.
- 먼저, … 그리고, … 마지막으로, …

지금 소개하세요!

Example:

저는 어렸을 때 놀이터에서 "둥글게 둥글게" 게임을 했어요. 이 게임은 많은 친구들과 같이 해요. 먼저 다 같이 '둥글게 둥글게' 노래를 불러요. 춤도 취요. 그리고 노래가 멈춰요. "세 명!" 말해요. 친구들과 세 명 그룹을 만들어요. 그룹을 못 만들면 게임을 더 못 해요. 저는 이 게임을 좋아했어요. 정말 재미있었어요!

Part 1 어휘

01

❶ 등산하다
❷ 요리하다
❸ 사진을 찍다
❹ 야구 경기를 보다
❺ 게임하다
❻ 여행하다
❼ 수영하다

02

❶ 어제
❷ 봤어요
❸ 사진
❹ 받았어요
❺ 경기
❻ 먹었어요
❼ 불렀어요

Part 2 문법

[문법 1]

01

왔어요	읽었어요	수영했어요
봤어요	줬어요	공부했어요
받았어요	기다렸어요	등산했어요

1. 봤어요 2. 먹었어요
3. 수영했어요 4. 등산했어요

02 (Example)

1. 어제 떡볶이를 먹었어요. /
   어제 비빔밥을 먹었어요. / …
2. 지난 주말에 영화를 봤어요. /
   지난 주말에 친구를 만났어요. / …
3. 작년에 제주도에 갔어요. /
   작년에 스페인에 갔어요. / ….

[문법 2]

01

1. 수영을 못 해요 2. 매운 음식을 못 먹어요
3. 한자를 못 읽어요 4. 운전을 못 해요.

02

1. (저녁) 못 먹었어요 2. (숙제) 못 했어요
3. (등산) 못 했어요 4. (여행) 못 했어요

Part 3 읽기

01

1. a
2. '서울 대 부산' 경기를 봤어요. 같이 셀카를 찍었어요. 응원가를 불렀어요.
3. b
4. 북악산에 가요. / 등산해요. / 북악산을 등산해요. / …

Part 4 듣기

1. ✗ 2. ✔ 3. ✗ 4. ✗ 5. ✗

롤을 했어요.
집에서 했어요.
졌어요. (못 이겼어요.)
아니요, 아직 안 해 봤어요.
점심 먹고 하기로 했어요.

Part 5 쓰기 (Sample Writing)

1. 하루는 점심 시간에 친구들과 롤을 했어요. 오늘은 중요한 경기였어요.
2. 게임을 시작했어요. 그런데 상대 팀 선수가 너무 빨랐어요. 하루는 깜짝 놀랐어요.
3. 하루는 열심히 했어요. 하지만 못 이겼어요.
4. 너무 속상했어요. 친구들이 하루를 응원했어요. 하루는 내일 게임을 다시 하고 싶어요. 이기고 싶어요.

Vocabulary Review

보리차 barley tea	출구 exit	숙제 homework
음악 music	고등학교 high school	날씨 weather
찻집 teahouse	곧 soon	팀 team
맛 taste	특히 especially	대 vs.
자주 often	응원가 cheering song	셀카 selfie
휴일 day off, holiday	넷플릭스 Netflix	피곤하다 to be tired
고기 meat	수영장 swimming pool	앱 application
운전하다 to drive	매운 음식 spicy food	
입구 entrance	한자 hanja, Chinese character	

※ 미숫가루 misugaru (a traditional Korean beverage made from roasted grains like barley, black rice, and soybean)

Hello Korean 1
Workbook

Chapter **9**

01 Vocabulary matching

Match each image to the corresponding Korean words.

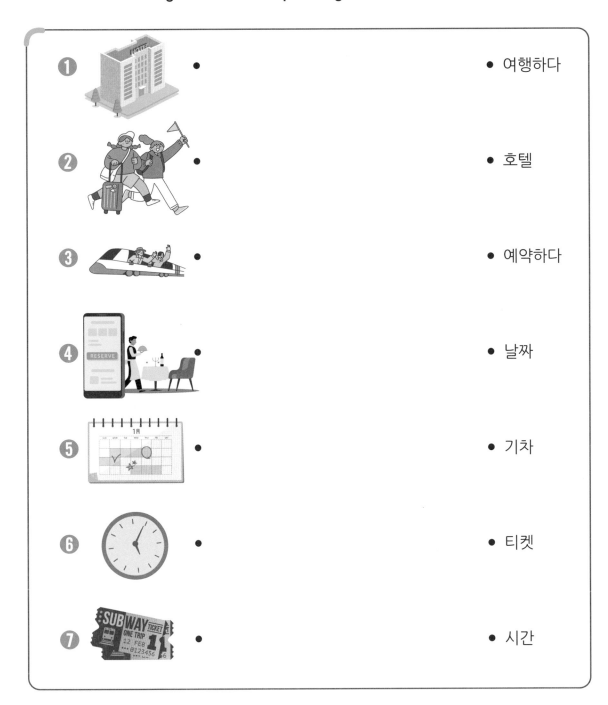

02 Completing a dialogue

Choose the correct expressions to complete
a dialogue between Gabriel and Sam about
their trip to Busan.

 샘 씨, 우리 10월에 부산에 갈까요?

 좋아요! ① (어디에 / 언제) 가고 싶어요?

 10월 2일부터 5일 괜찮아요?

 네. 부산에서 뭐 하고 싶어요?

 그 때 부산에서 영화제가 있어요. 거기 어때요?

 너무 좋아요! 거기에서 ② (영화 / 영어) 배우 를 보고 싶어요.

 저도요. 그럼 ③ (부산행 / 전주행) ktx 표를 예매하세요.

 기차표 예약했어요. 그 다음에 호텔 예약해요. 어떤 호텔이 좋아요?

 바닷가 ④ (근처 / 시장) 어때요? 바다를 보고 싶어요.

 알겠어요. (...) 아! 미안해요. 날짜를 잘못 예약했어요.

 괜찮아요. 날짜를 ⑤ (보세요 / 바꾸세요).

 오… 앱에서 ⑥ (못 / 안) 바꿔요.

 예약 ⑦ (기차 / 번호)가 뭐예요? 이메일을 보내 봐요.

배우 actor　바닷가 beach　예매하다 to book (a ticket)

Part 2 문법

1
문법 **-고 싶다**

01 Fill in the blanks using '-고 싶어요' to complete the sentences below to indicate "I/you want to do something".

	선물*/받다	**1.** I want to receive a birthday gift. → 생일 선물을 _____
	취소/하다	**2.** I want to cancel the train ticket to Seoul. → 서울행 기차 티켓을 _____
	면도기/사다	**3.** I want to buy a new razor. → 새 면도기를 _____
	커피/마시다	**4.** I want to drink an iced coffee. → 아이스 커피를 _____
	LOL 경기/보다	**5.** I want to watch a LOL game. → 롤 경기를 _____
	호텔 방/바꾸다	**6.** I want to change the hotel room. → 호텔 방을 _____

02 Write possible answers to the following questions using '-고 싶어요'.

1. 지금 뭘 하고 싶어요? → _____

2. 내일 뭘 하고 싶어요? → _____

3. 내년*에 뭘 하고 싶어요? → _____

* 선물 gift
* 내년 next year

2 문법 -(으)ㄹ까요?

01 Change the following verbs into '-(으)ㄹ까요?' form to indicate "Shall we
···? / What about ···ing?" and fill in the blanks to complete the sentences
below.

ㄹ까요?		을까요?	
가다	갈까요?	먹다	먹을까요?
타다		찍다	
만나다		넣다	
예약하다		닫다	

Exception: ㄹ 받침: 만들다 → 만들까요?

1. Shall we meet at the park? → 우리 공원에서 ＿＿＿＿＿＿＿?
2. Shall we take a selfie here? → 우리 여기서 셀카를 ＿＿＿＿＿＿＿?
3. Shall we take a taxi? → 우리 택시를 ＿＿＿＿＿＿＿?
4. Shall we put in more ice? → 우리 얼음을 더 ＿＿＿＿＿＿＿?

02 Fill in the blanks in the following dialogues using the '-(으)ㄹ까요?' form.

1. **타오:** 오늘 같이 저녁＿＿＿＿＿＿＿＿＿(먹다)?

   마두카: 게스트 하우스에서 ＿＿＿＿＿＿＿(요리하다)? 식당에 ＿＿＿＿＿＿＿(가다)?

   타오: 같이 요리해요. 시장˚에서 재료˚를 ＿＿＿＿＿＿＿＿＿(사다)?

2. **사랑:** 우리 부산 여행 날짜를 ＿＿＿＿＿＿＿＿＿(바꾸다)? 그 때 너무 바빠요.

   소피아: 그럼 다음 달˚에 ＿＿＿＿＿＿＿＿＿(여행하다)? 저는 괜찮아요.

   사랑: 고마워요! 제가 호텔 예약을 ＿＿＿＿＿＿＿(변경하다)?

˚ 시장 market
˚ 재료 ingredient
˚ 숙소 accomodation
˚ 다음 달 next month

01 Below is the announcement on the "Hello Tour" website. Read it carefully and answer the following questions.

 엘로 투어

✈ **예약 안내**
죄송합니다. 10월 1일부터 6일까지 추석 때문에 예약이 어려워요.

✈ **예약 취소/변경 방법**
예약 취소/변경이 필요하세요?
그럼 전화 주세요. 전화 번호는 02-6048-3011이에요.

✈ **예약 취소/변경 수수료**
- 출발 7일 전*까지: 무료
- 출발 7일 전 ~ 1일 전: 투어 가격*의 5%
- 출발 1일 전 ~ 3시간 전: 투어 가격의 10%
- 출발 3시간 전 ~: 투어 가격의 20%

1. 예약 날짜를 변경하고 싶어요. 어떻게 해요?

    a) 이메일을 보내요.
    b) 친구에게 말해요.
    c) 전화를 해요.
    d) 문자를 보내요.

2. 전화 번호가 뭐예요? 어떻게 읽어요?

    __ __ - __ __ __ __ - __ __ __ __

3. 투어 가격이 200,000원이에요. 출발 5시간 전에 취소했어요. 취소 수수료는 얼마예요?

    _____ 원

4. Which of the following statements is <u>incorrect</u>?

    a) 10월 1일부터 6일까지 예약 못 해요.
    b) 출발 1시간 전에 예약을 취소했어요. 수수료가 없었어요.
    c) 예약을 바꾸고 싶었어요. 전화를 했어요.

* 수수료 fee
* 후 after
* 전 before
* 가격 price

02 Read each 카카오톡 message and link it to the corresponding situation.

1.
가브리엘 씨, 미안해요.
ㅠㅠ 다음 주에 여행을 못 가요.
출장이 있어요. ✈️

●   ● 호텔 예약

2.
샘 씨, 어느 방을 예약할까요?
도시 뷰가 좋아요, 🏙️
바다 뷰가 좋아요? 🏄

●   ● 여행 취소

3.
지금 길이 막혀요.
5시까지 도착 못 해요…
7시 기차로 바꿀까요? 🚄
괜찮아요?

●   ● 날짜 변경

4.
소피아 씨, 10일에
친구 생일 파티가 있어요!
몰랐어요. 😮
우리 11일에 만날까요?

●   ● 시간 변경

* 출장 business trip
* 뷰 view
* 길이 막히다 to have a traffic jam

Part 4 듣기

You will listen to a conversation between Sarang and Haru who are planning a trip for Chuseok.

01 Decide whether the following statements are true(✔) or false (X).

1. 사랑은 기차 표를 예약했어요. ( )

2. 하루는 숙소를 예약할 거예요. ( )

3. 사랑과 하루는 부산에서 국제영화제를 보고 싶어요.( )

02 Choose the correct answer based on the conversation.

1. 사랑과 하루는 언제 출발할까요?

   a) 오늘

   b) 이번 주말

   c) 다음 달

2. 사랑과 하루는 뭘 타고 부산에 가요?

   a) 비행기

   b) 자동차

   c) 기차

3. 하루는 어디에서 숙소를 예약하고 싶어요?

   a) 부산 시장 근처

   b) 부산 바닷가

   c) 서울

Part 5 쓰기

Plan a three-day itinerary for a trip to Korea and send a KakaoTalk message to a friend!

💬 Step 1. 여행 계획하기

Fill in the table to organise your ideas.

Day	도시	일정
1.		• _____ • _____ • _____
2.		• _____ • _____ • _____
3.		• _____ • _____ • _____

e.g. Day 1: 서울
- 인천공항에 도착해요. 버스를 타요.
- 경복궁과 북촌한옥마을을 방문해요.
- 명동을 구경하고 길거리 음식을 먹어요.

💡 Language Support:

- Suggesting place to go: –고 싶어요. –(으)ㄹ까요.
- Ask about availability and confirm plans: 이 일정 괜찮아요? (시간)에 (장소)에서 만날까요?

💬 Step 2. Writing the KakaoTalk Message

Now, write a KakaoTalk message to a friend, inviting them to join the trip. They should use expressions to:

< 하루   🔍 ⋮

> 하루야! 👋 한국 여행 계획중이야. 같이 갈래? ✈

📍 첫째 날 – _____!

오전에 _____

_____

_____

🚅 둘째 날 – _____!

_____

_____

_____

🏞 셋째 날 – _____!

_____

_____

_____

_____

_____

_____

_____

Part 6 Real-Life Challenge

Recommend a place to visit in your hometown to a Korean friend! Describe the place, explain why it is a good destination, and suggest activities to do there.

💬 Step 1. 장소를 선택하세요!

이름	
위치	
방문 이유	● _____ ● _____
활동	● _____ ● _____

💬 Step 2. 추천하세요!

☑ 장소 추천하기
- 제 고향에 오세요! [장소]에 가 보세요!
- [장소]는 정말 좋은 곳이에요.

☑ 위치 설명하기
- [장소]는 [도시/지역]에 있어요.
- [교통수단]을 이용해요.

☑ 추천 활동
- [장소]에서는 [활동]을 하세요.
- 특히 [음식/축제]가 유명해요.

지금 소개하세요!

📱 Example:

명동에 가 보세요. 명동은 서울에 있어요. 정말 좋은 곳이에요. 길거리 음식이 유명해요. 특히 핫도그와 떡볶이가 맛있어요. 그리고 사람이 많고 분위기가 좋아요. 특히 저녁에 네온사인과 야경이 예뻐요. 친구들과 사진을 찍어 보세요.

Chapter 9　Answer

Part 1 어휘

01
❶ 호텔
❷ 여행하다
❸ 기차
❹ 예약하다
❺ 날짜
❻ 시간
❼ 티켓

02
❶ 언제
❷ 영화
❸ 부산행
❹ 근처
❺ 바꾸세요
❻ 못
❼ 번호

Part 2 문법

[문법 1]

01
1. 받고 싶어요　2. 취소하고 싶어요
3. 사고 싶어요　4. 마시고 싶어요
5. 보고 싶어요　6. 변경하고 싶어요 / 바꾸고 싶어요

02 Sample answers:
A1: 드라마를 보고 싶어요. / 자고 싶어요. / 운동
　　하고 싶어요. / 책을 읽고 싶어요. / …
A2: 공원에 가고 싶어요. / 옷을 사고 싶어요. /
　　쉬고 싶어요. / 친구를 만나고 싶어요. / …
A3: 한국 여행을 가고 싶어요. / 운전을 배우고 싶
　　어요. / 콘서트에 가고 싶어요. / …

[문법 2]

01

탈까요	찍을까요
만날까요	넣을까요
예약할까요	닫을까요

1. 만날까요　2. 찍을까요　3. 탈까요　4. 넣을까요

02
1. 먹을까요, 요리할까요, 갈까요, 살까요
2. 바꿀까요, 여행할까요, 변경할까요

Part 3 읽기

01
1. c
2. 공이-육공사팔-삼공일일
3. 20,000원 (200,000*10%)
4. b

02
1. 여행 취소　2. 호텔 예약
3. 시간 변경　4. 날짜 변경

Part 4 듣기

01
1. ✗　2. ✗　3. ✔

02
1. b　2. c　3. b

Part 5 쓰기 (sample writing)

첫째 날 - 서울!
오전에 인천공항에 도착해. 버스를 타고 호텔에 갈 거야. 경복궁에서 사진을 많이 찍고 싶어. 그리고 명동에서 길거리 음식을 먹을까?

둘째 날 - 부산!
아침에 ktx를 타고 부산으로 출발할까? 점심에 밀면을 먹고 저녁에 국제영화제에 가고 싶어.

셋째 날 - 전주!
한옥마을에서 한복을 입고 싶어. 전통 찻집에서 맛있는 차를 마실 거야. 그리고 다시 서울로 갈 거야. 하루야, 같이 갈 수 있어? 나한테 알려 줘.

Hello Korean 1
Workbook

Chapter 10

Part 1 어휘

01 Look at the image below and fill in the boxes with the Korean words.

❶ _____ _____ 하다

❷ _____

❸ _____ _____ _____

❹ _____ _____

❺ _____ _____

❻ _____ _____

❼ _____ _____ 김치

02 Completing a dialogue

Choose the correct expressions to complete
a dialogue between Sophia and Umid

 우미드 씨, 토요일에 뭐 해요?

 아직 계획이 없어요.

 같이 "Sunshine Studio"에 갈까요? 드라마 촬영 ❶ (장소 / 노래)예요.

 그래요? 거기서 무슨 드라마를 찍었어요?

 '미스터 션샤인(Mr. Sunshine)'이에요. 아주 ❷ (높은 / 유명한) 한국 드라마예요.

 우와! 저도 ❸ (그 / 저) 드라마를 봤어요! 가고 싶어요!

 좋아요! 같이 가요.

 그런데 준비물이 있어요? 뭐가 ❹ (필요해요 / 피곤해요)?

 ❺ (예쁜 / 낮은) 옷*을 입으세요*. 거기에서 같이 사진 찍어요!! ☺

 알겠어요. 그 다음에 뭐 하러 갈까요?

 전통 차를 ❻ (쉬러 / 마시러) 찻집에 가요. 어때요?

 아주 좋아요. 샘 씨도 같이 갈까요?

 샘 씨는 못 가요. 등산하러 ❼ (산 / 바다)에 가요.

*옷 clothes *입다 to wear

 **-(으)ㄴ**

01 **Change the following descriptive verbs into '-(으)ㄴ' form to describe images.**

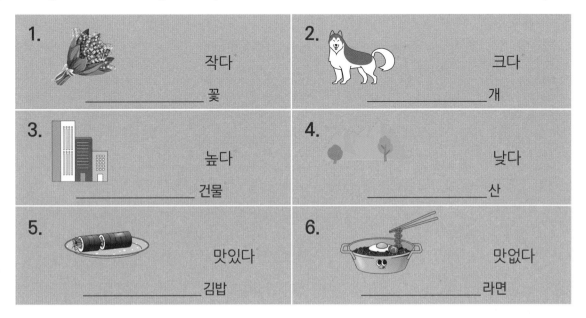

1. 작다
　_____ 꽃

2. 크다
　_____ 개

3. 높다
　_____ 건물

4. 낮다
　_____ 산

5. 맛있다
　_____ 김밥

6. 맛없다
　_____ 라면

02 **Fill in the blanks in the following dialogues using the '-(으)ㄴ' form.**

1. **타오:** 사랑 씨, 요즘 무슨 영화가 재미있어요? _____(재미있다)
　　　영화 추천해 주세요.

　사랑: 타오 씨는 어떤 영화를 좋아해요?

　타오: 저는 _____(무섭다*) 영화를 좋아해요.

　사랑: 그럼 잘 몰라요. 저는 로코(rom-com)를 좋아해요.

2. **우미드:** 소피아 씨, 같이 커피 마실까요? _____(맛있다) 커피숍을 알아요.

　소피아: 저는 커피를 안 마셔요. _____(쓰다) 맛을 안 좋아해요.

　우미드: 그럼 _____(달다) 맛을 좋아해요? 버블티를 마실까요?

*작다 to be small　*크다 to be big　*높다 to be high　*건물 building　*무섭다 to be scary

01 Create sentences using '-(으)러 가요' with the provided words to indicate "going somewhere in order to do something."

   1. 하루 씨 / 서울 / 한국어를 배우다 ➡ _____

   2. 사랑 씨 / 편의점 / 일하다 ➡ _____

   3. 소피아 씨 / 한강 공원 / 유튜브를 촬영하다* ➡ _____

   4. 캐롤라인 씨 / 대학교 / 학생을 만나다 ➡ _____

02 Complete the following dialogues using '-(으)러 가다/오다' in a correct way.

   1. **사랑**: 소피아 씨, 어제 어디에 갔어요?

      소피아: 잠실*에 갔어요. 야구 경기를 _____(보다) 갔어요.

      사랑: 그 다음에 어디에 갔어요?

      소피아: 저녁을 _____(먹다) 식당에 갔어요.

   2. **우미드**: 마두카 씨, 내일 뭐 해요?

      마두카: 내일 종로에 템플스테이를 _____(하다) 가요.

      우미드: 같이 가요! 저도 _____(명상하다*) 가고 싶어요.

03 Fill in the blanks with possible expressions to complete '-(으)러 가다/오다' sentences.

   1. _____에 등산하러 갔어요.

   2. _____에 운동하러 가고 싶어요.

   3. 스벅(스타벅스; Starbucks)에 _____가요.

   4. 한국에 _____왔어요.

                                        * 촬영하다 to film
                                        * 잠실 Jamsil
                                        * 명상하다 to meditate

01 Below is Sam's blog on running (달리기). Read it carefully and answer the following questions.

Naver Blog

여러분, 오늘 토요일이에요. 오늘 날씨가 아주 좋아요.

그래서 친구들하고 달리기를 하러 한강 공원에 가요.

달리기는 좋은 운동이에요. 그런데 달리기* 중간에 가끔 힘들어요.

그래서 간식이 필요해요. 저는 보통 초콜릿하고 에너지바*를 가져가요.

맛있는 육포도 가져가요. 물하고 수건도 필요해요. 이것들이 제 달리기 준비물이에요.

여러분의 달리기 준비물은 뭐예요?

저는 한강을 좋아해요. 그래서 오늘 한강 사진을 많이 찍을 거예요.

셀카도 찍을 거예요. 그리고 저녁에 인스타그램에 사진을 올릴 거예요.

---

1. 샘 씨는 한강 공원에 뭐 하러 가요?

→ _____

2. Which item is <u>least likely</u> to be in Sam's bag?

a)   b)   c)   d)

3. Which picture is <u>most likely</u> to be uploaded on Sam's Instagram?

a)    b)    c)

* 달리기 running
* 에너지바 energy bar

02 Read each 카카오톡 message and link it to the corresponding picture.

1. 어제 동대문 근처에
갔어요.
전시회를 구경했어요. 🖼️

• 북악산

2.

우리 내일
등산하러 갈까요?
물하고 수건을 가져가요. ⛰️

• DMZ

3.

저는 한국 전쟁에 대해
공부해요.
가이드 투어에서 더 배우고
싶어요. 🧐

• DDP

4.

저는 한국의
전통 건축을 좋아해요.
궁 에서 한복 을
입고 싶어요. 🙊

• 경복궁

* 동대문 Dongdaemun
* 에 대해 about
* 궁 palace
* 한복 hanbok (traditional Korean costume)

Part 4 듣기

Listen to the dialogue about Janggeum Restaurant between Jina ssaem and Tao carefully and answer the following questions.

01 **Decide whether the following statements are true (✔) or false (✗).**

1. 타오 씨는 김치찌개와 된장찌개를 먹고 싶어요. (   )

2. 식당 건물을 나무로 만들었어요. (   )

3. 식당에서 바다가 보여요. (   )

4. 식당에서 순두부가 가끔 나와요. (   )

5. 타오 씨는 이번 주말에 식당에 가고 싶어요. (   )

02 **Answer the questions in Korean with a short response.**

1. 식당은 어디에 있어요?

   → _____

2. 지나 쌤은 식당에서 어떤 고기를 추천했어요?

   → _____

3. 준비물이 뭐예요?

   → _____

 **Part 5 쓰기**

You will write a short description of each person using adjectives!

💬 Step 1. 형용사로 가족을 소개하세요!

Look at the list of adjectives below. Choose 2-3 adjectives for each family member

☑ **외모**

- 키가 크다 (tall) / 키가 작다 (short)
- 날씬하다 (slim) / 통통하다(chubby)
- 예쁘다 (pretty) / 잘생기다 (handsome) / 귀엽다(cute)
- 머리가 길다 (has long hair) / 머리가 짧다 (has short hair) …

☑ **성격**

- 착하다 (kind) / 친절하다 (friendly) / 똑똑하다 (smart)
- 재미있다 (funny) / 조용하다 (quiet)
- 부지런하다(diligent) / 활발하다(cheerful)
- 예의가 있다(polite) / 꼼꼼하다(meticulous) …

💬 Step 2. Tell us about your family!

💡 Language Support:

- "-입니다, -ㅂ/습니다" indicates the present tense at a formal and polite level.
  (e.g. 우리 가족은 착하고 재미있는 사람들입니다. 우리 아빠는 키가 큽니다. 동생은 귀엽습니다.)

Part 6 Real-Life Challenge

In this challenge, you will introduce a famous mountain from your country! Follow the step-by-step guide below and use the language support to help you.

💬 Step 1. 유명한 산을 선택하세요!

산 이름이 뭐예요?	
어디에 있어요?	
얼마나 높아요?	
왜 유명해요?	

💬 Step 2. 말하기 준비하세요!

❶ 산을 소개하세요.
❷ 위치를 설명하세요.
❸ 높이를 말하세요.
❹ 유명한 이유를 설명하세요.
❺ 내 생각을 이야기하세요.

💡 Language Support:

- 이 산은 높이가 [×××]미터입니다.
- [산 이름]은(는) [이유] 때문에 유명합니다.

지금 소개하세요!

📱 Example:

우리나라에는 유명한 산이 있습니다. 그 산의 이름은 한라산입니다. 한라산은 제주도에 있고 높이가 1,947미터입니다. 한라산은 멋있는 경치 때문에 유명합니다. 저도 꼭 한라산에 가 보고 싶습니다.

Part 1 어휘

01
❶ 등산
❷ 물
❸ 초콜릿
❹ 수건
❺ 식당
❻ 파전
❼ 두부

02
❶ 장소
❷ 유명한
❸ 그
❹ 필요해요
❺ 예쁜
❻ 마시러
❼ 산

Part 2 문법

[문법 1]

01 1. 작은　　2. 큰　　　3. 높은
　　4. 낮은　　5. 맛있는　6. 맛없는

02 1. 재미있는, 무서운
　　2. 맛있는, 쓴, 단 (ㄹ 받침 omission)

[문법 2]

01
1. 하루 씨는 서울에 한국어를 배우러 가요.
2. 사랑 씨는 편의점에 일하러 가요.
3. 소피아 씨는 한강 공원에 유튜브를 촬영하러 가요.
4. 캐롤라인 씨는 대학교에 학생을 만나러 가요.

02
1. 보러, 먹으러
2. 하러, 명상하러

03 (Example)
1. 한라산, 설악산, …
2. 헬스장, 공원, …
3. 친구를 만나러, 책을 읽으러, …
4. 콘서트를 보러, 한국 음식을 먹으러, …

Part 3 읽기

01
1. 친구들하고 달리기를 하러 가요.
2. d
3. b

02
1. DDP　　　2. 북악산
3. DMZ　　　4. 경복궁

Part 3 읽기

01
1. ✔　2. ✔　3. ✗　4. ✔　5. ✔

02
1. 홍대 서점 옆에 있어요.
2. 갈비를 추천했어요.
3. 준비물은 수건이에요.

Part 5 쓰기 (sample writing)

우리 가족은 착하고 재미있는 사람들입니다. 우리 엄마는 예쁘고 친절합니다. 아빠는 키가 크고 조용합니다. 동생은 귀엽고 활발합니다. 우리는 함께 많은 시간을 보내고 자주 맛있는 음식을 먹으러 갑니다. 저는 우리 가족을 정말 사랑합니다!

Vocabulary Review

배우 actor	전 before	무섭다 to be scary
바닷가 beach	가격 price	촬영하다 to film
예매하다 to book (a ticket)	출장 business trip	잠실 Jamsil
선물 gift	뷰 view	명상하다 to meditate
내년 next year	길이 막히다 to have a traffic jam	달리기 running
시장 market	옷 clothes	에너지바 energy bar
재료 ingredient	입다 to wear	동대문 Dongdaemun
숙소 accomodation	작다 to be small	에 대해 about
다음 달 next month	크다 to be big	궁 palace
수수료 fee	높다 to be high	
후 after	건물 building	

※ 한복 hanbok (traditional Korean costume)

Hello Korean 1
Workbook

Listening Transcript

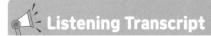

Chapter 1

Korean

사랑: 안녕하세요. 저는 사랑이에요. 매니저예요.
샘: 안녕하세요! 저는 샘이에요. 호주 사람이에요.
사랑: 오! 네. 여기는 숨비소리예요.
샘: 네, 게스트 하우스예요?
사랑: 네, 게스트 하우스예요.
샘: 아! 좋아요. 오… 이거…온돌이에요?
사랑: 네, 온돌이에요. 한국 스타일이에요.
샘: 감사합니다. 와이파이 있어요?
사랑: 네, 와이파이 있어요. 여기 찍으세요.
샘: 와… QR코드예요?
사랑: 맞아요.
샘: 감사합니다. 만나서 반가워요.
사랑: 네. 만나서 반가워요.

English

Sarang: Hello. I'm Sarang. I'm a manager.
Sam: Hello! I'm Sam. I'm Australian.
Sarang: Oh! Yes. This is Sumbisori.
Sam: Oh, is it a guesthouse?
Sarang: Yes, it's a guesthouse.
Sam: Ah! I see. Oh… Is this… ondol (heated floor)?
Sarang: Yes, it's ondol. It's Korean style.
Sam: Thank you. Is there Wi-Fi?
Sarang: Yes. There is Wi-Fi. Scan here.
Sam: Wow… Is this a QR code?
Sarang: That's right.
Sam: Thank you. Nice to meet you.
Sarang: Yes. Nice to meet you.

Chapter 2

Korean

택시 기사: 안녕하세요. 어디 가세요?
프리야: 홍대요.
택시 기사: 아, 홍대! 오… 한국 사람이에요?
프리야: 아니요, 한국 사람이 아니에요. 저는 인도네시아
　　　　사람이에요.
택시 기사: 아! 인도네시아! 인도네시아를 좋아해요.
(운전 소리)
택시 기사: 여기에서 내리세요.
프리야: 감사합니다! 얼마예요?
택시 기사: 17,000원이에요.
프리야: 네, 감사합니다!

English

Taxi Driver: Hello! Where are you going?
Priya: To Hongdae.
Taxi Driver: Ah, Hongdae! Oh… are you Korean?
Priya: No, I'm not Korean. I'm Indonesian.
Taxi Driver: Ah! Indonesia! I like Indonesia.
(Sound of driving)
Taxi Driver: You can get off here.
Priya: Thank you! How much is the fare?
Taxi Driver: It's 17,000 won.
Priya: Okay, thank you!

Chapter 3

🔘 Korean

사랑: 안녕하세요. 혹시 삼각김밥 있어요?
점원: 네, 삼각김밥은 냉장고에 있어요.
사랑: 좋아요. 삼각김밥 하나 주세요. 그리고 바나나 우유
　　　 도 있어요?
점원: 네, 있어요.
사랑: 세 개 주세요. 그리고 아메리카노 있어요?
점원: 네, 아메리카노도 있습니다. 얼음컵 필요하세요?
사랑: 네, 아메리카노 다섯 개, 아이스컵 두 개 주세요.
점원: 네, 삼각김밥 하나, 바나나 우유 세 개, 아메리카노
　　　 다섯 개, 아이스컵 두 개 맞으세요?
사랑: 네.
점원: 총 7,500원입니다. 적립카드 있으세요?
사랑: 아니요, 없어요.
점원: 네, 영수증 필요하세요?
사랑: 네, 주세요.
점원: 여기 있습니다.
사랑: 감사합니다!

🌐 English

Sarang: Hello! Do you have samgak gimbap
　　　　　(triangle kimbap) by any chance?
Clerk: Yes, the samgak gimbap is in the fridge.
Sarang: Great. I'll take one samgak gimbap. Do you
　　　　　also have banana milk?
Clerk: Yes, we do.
Sarang: I'll take three. Do you have Americano as well?
Clerk: Yes, we also have Americano. Do you need
　　　　an ice cup?
Sarang: Yes, I'll take five Americanos and two ice
　　　　　cups.
Clerk: Alright, so that's one samgak gimbap, three
　　　　banana milks, five Americanos, and two ice
　　　　cups. Is that correct?
Sarang: Yes.
Clerk: That will be 7,500 won. Do you have a
　　　　membership card?
Sarang: No, I don't.
Clerk: Okay. Would you like a receipt?
Sarang: Yes, please.
Clerk: Here you go.
Sarang: Thank you!

Chapter 4

🔘 Korean

직원: 안녕하세요. 무엇을 도와드릴까요?
샘: 선크림이 있어요?
직원: 네, 있어요.
샘: 감사합니다. 선크림 두 개 주세요. 그리고 립밤도 하나
　　 주세요.
직원: 죄송합니다. 립밤은 없어요.
샘: 괜찮아요… 음… 치약 세 개랑 칫솔 두 개도 필요해요.
직원: 네, 치약 세 개, 칫솔 두 개 있습니다.
샘: 네… 오… 혹시 향수는 세일 중이에요?
직원: 네, 세일 중이에요.
샘: 그럼, 이거 두 병 주세요. 아! 아니요, 다섯 병 주세요.
직원: 더 필요하신 게 있어요?
샘: 아니요, 없어요. 얼마예요?
직원: 45,000원입니다.
샘: 카드로 할게요. 그리고 봉투도 주세요.
직원: 알겠습니다. 봉투는 500원이에요.
샘: 네. 알겠어요.
직원: 감사합니다. 좋은 하루 보내세요!

🌐 English

Staff: Hello. How can I help you?
Sam: Do you have sunscreen?
Staff: Yes, we do.
Sam: Thank you. Please give me two bottles of
　　　sunscreen. And one lip balm, please.
Staff: Sorry, we don't have lip balm.
Sam: That's okay… Hmm… I also need three tubes
　　　of toothpaste and two toothbrushes.
Staff: Yes, we have three tubes of toothpaste and
　　　two toothbrushes.
Sam: Oh, is the perfume on sale?
Staff: Yes, it's on sale.
Sam: Then, please give me two bottles of this. Oh!
　　　No, make it five bottles.
Staff: Is there anything else you need?
Sam: No, that's all. How much is it?
Staff: It's 45,000 won.
Sam: I'll pay by card. And please give me a bag.
Staff: Sure. The bag is 500 won.
Sam: Okay, got it.
Staff: Thank you. Have a great day!

Chapter 5

⦿ Korean

직원: 어서 오세요! 사랑 PC방입니다.
하루: 안녕하세요. 지금 음식 주문 괜찮아요?
직원: 네. 무엇을 드릴까요?
하루: 라면 하나 주세요. 계란 넣어 주세요.
직원: 네, 그리고 음료도 필요하세요?
하루: 네, 물 한 병 주세요.
직원: 총 6,000원입니다.
하루: 아, 비싸네요. 물은 필요 없어요.
직원: 네, 그럼 라면만 드릴까요?
하루: 네, 라면만 주세요.
직원: 알겠습니다. 몇 시에 드실 거예요?
하루: 지금 주세요.
직원: 네, 잠시만 기다려 주세요. (라면을 준비한 후) 여기 있습니다. 맛있게 드세요! 카드예요? 현금이에요?
하루: 감사합니다. 카드예요.
직원: 네, 카드 대 주세요. (카드 리더기를 가리키며) 여기 버튼을 눌러 주세요.
하루: 네. (버튼을 누른 후) 얼마예요?
직원: 4,500원입니다.
하루: 좋아요. 감사합니다.
직원: 감사합니다!

⦿ English

Staff: Welcome to Sarang PC bang.
Haru: Hello. Can I order food now?
Staff: Yes. What would you like to have?
Haru: One ramyeon, please. Add an egg.
Staff: Okay. Do you also need a drink?
Haru: Yes, one bottle of water, please.
Staff: That will be 6,000 won.
Haru: Oh, that's expensive. I don't need the water.
Staff: Alright, just the ramyeon then?
Haru: Yes, just the ramyeon, please.
Staff: Got it. What time would you like it?
Haru: Now, please.
Staff: Alright, please wait a moment. (After preparing the ramyeon) Here you go. Enjoy your meal! Cash? Card?
Haru: Thank you. I'll pay with my card.
Staff: Okay, please tap your card. (Pointing to the card reader) Press the button here.
Haru: Okay. (Presses the button) How much is it?
Staff: It's 4,500 won.
Haru: Sounds good. Thank you.
Staff: Thank you!

Chapter 6

⦿ Korean

안녕하세요! 팬덤 박물관을 소개합니다.
팬덤 박물관은 케이팝 팬의 박물관이에요. 팬덤 박물관에서는 드라마, 영화, 음악, 그리고 게임 팬 문화를 배울 수 있어요.
입장료는 7,000원이에요. 수요일과 금요일에는 무료예요!
박물관은 화요일부터 일요일까지, 오전 10시부터 오후 7시까지 열어요. 월요일은 휴관이에요. 박물관에는 가이드 투어도 있어요. 가이드가 전시회를 설명해요. 그리고 엘리베이터와 휠체어 서비스도 있어요. 하지만 박물관에서 사진을 못 찍어요.
주말에는 사람이 많아요. 주중 방문을 추천해요.
요즘 박물관에서는 팬덤 전시회와 콘서트도 열어요.
즐거운 관람 되세요!

⦿ English

Hello! Let me introduce the Fandom Museum.
The Fandom Museum is a museum for K-pop fans. At the Fandom Museum, you can learn about drama, film, music, and game fan culture.
The admission fee is 7,000 won. But on Wednesdays and Fridays, it's free!
The museum is open from Tuesday to Sunday, from 10 AM to 7 PM. It is closed on Mondays. There are guided tours, and guides explain the exhibitions. There are also elevators and wheelchair service. But you cannot take photos at the museum.
The museum is very crowded on weekends. A weekday visit is recommended.
These days, the museum also holds fandom exhibitions and concerts.
Enjoy your visit!

Chapter 7

◉ Korean

안녕하세요! 오늘 우리 이대역에서 식당까지 같이 가요. 잘 따라오세요!

이대역에서 출발해요. 출구로 나가세요. 왼쪽으로 걸어가세요. 그러면 병원이 보여요.

그 다음에는 횡단보도가 나와요. 그 다음에 오른쪽으로 가세요. 작은 카페가 있어요. 거기에서 사람들이 아아를 많이 마셔요.

이제 계속 직진하세요. 영화관이 있어요. 요즘 한국 영화가 인기가 많아요. 영화관 왼쪽에는 박물관이 있어요. 그 왼쪽에는 식당이 있어요. 초코 식당이에요. 하지만 초콜릿 식당은 아니에요.

(10 초)

식당에는 음식과 음료가 있어요. 여기에서는 홍차와 인삼차를 마실 수 있어요.

맞아요! 수정과도 꼭 드셔 보세요. 수정과는 시나몬 맛이 나요! 진짜 맛있어요! 그리고 고양이도 있어요!

◉ English

Hello, everyone! Today, we will go from Ewha Women University Station to a restaurant together. Follow along carefully!

We start from Ewha Women University Station. Exit the station. Walk to the left. Then, you will see a hospital. After that, there is a crosswalk.

Next, turn right. There is a small café. Many people drink iced coffee there.

Now, keep going straight. You will see a cinema. These days, Korean movies are very popular. To the left of the cinema, there is a museum. To the left of the museum, there is a restaurant. It's called Choco Restaurant. But it's not a chocolate restaurant.

(10 seconds)

The restaurant has food and drinks. Here, you can drink black tea and ginseng tea. That's right! You should definitely try sujeonggwa (cinnamon punch) too.

Sujeonggwa has a cinnamon taste! It's really delicious! And⋯ there are also cats!

Chapter 8

◉ Korean

(롤을 하는 이야기)

가브리엘: 주말에 뭐 했어요?

소피아: 친구들하고 같이 롤을 했어요! 너무 재미있었어요!

가브리엘: 와! 어디에서 했어요?

소피아: 집에서 했어요. 우리는 지난 주에도 같이 했어요.

가브리엘: 그럼, 이번 경기는 어땠어요? 이겼어요?

소피아: 아니요, 못 이겼어요. 상대 팀 선수가 너무 잘했어요.

가브리엘: 아쉽다⋯ 그런데 왜 롤을 좋아해요?

소피아: 왜냐하면.. 재미있어요! 그리고 쉬는 시간에도 친구들하고 같이 할 수 있어요.

가브리엘: 저도 해 보고 싶어요! 그런데 저는 아직 롤을 안해 봤어요.

소피아: 괜찮아요! 제가 가르쳐줄 수 있어요! 내일 아침에 시간 있어요?

가브리엘: 아침에는 못 해요. 점심 시간에는 괜찮아요.

소피아: 좋아요! 그럼 내일 점심 시간에 만나요.

◉ English

(Talking about playing LoL)

Gabriel: What did you do over the weekend?

Sophia: I played LoL with my friends! It was so much fun!

Gabriel: Wow! Where did you play?

Sophia: I played at home. We also played together last week.

Gabriel: So, how was this match? Did you win?

Sophia: No, we couldn't win. The opposing team's players were really good.

Gabriel: That's a shame⋯ But why do you like playing LoL?

Sophia: Because it's fun! Plus, I can play with my friends during breaks too.

Gabriel: I want to try playing too! But I've never played LoL before.

Sophia: That's okay! I can teach. Are you free tomorrow morning?

Gabriel: I can't in the morning, but I'm free at lunch time.

Sophia: Great! Then let's meet at lunch time tomorrow.

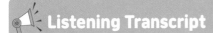

Chapter 9

🎯 Korean

사랑: 여보세요?

하루: 여보세요, 사랑아! 우리 추석 여행 계획이 있어?

사랑: 아, 맞다! 우리 언제 출발할까?

하루: 음… 이번 주말 어때? 기차 타고 가면 금방 도착할 수 있어.

사랑: 좋아! 근데 기차 예약했어?

하루: 아직… 우리 같이 예약할까?

사랑: 그래! 근데 혹시 날짜 변경 가능해?

하루: 아, 그건 좀 어려워.

사랑: 알겠어. 그럼 내가 확인해 볼게. 몇 시 출발이 좋아?

하루: 아침 일찍? 아니면 늦은 밤?

사랑: 음… 아침이 좋아! 근데 혹시 부산국제영화제도 가고 싶어?

하루: 응, 가고 싶어!

사랑: 그리고… 맞다, 숙소! 어디가 좋을까?

하루: 부산 시장 근처 어때? 밤에 맛있는 거 먹을 수 있어~

사랑: 좋아! 그럼 내가 숙소 예약할게. 넌 기차 표 살 수 있어?

하루: 응!

사랑: 좋아! 빨리 가고 싶다~

하루: 나도! 그럼 곧 연락할게.

사랑: 응, 곧 보자!

🌐 English

Sarang: Hello?

Haru: Hello, Sarang! What is our plan for Chuseok trip?

Sarang: Oh, right! When should we leave?

Haru: Hmm… How about this weekend? If we take ktx, we'll get there quickly.

Sarang: Sounds good! But have you booked the train tickets yet?

Haru: Not yet… Should we book them together?

Sarang: Sure! But is it possible to change the date if needed?

Haru: Ah, that is a bit difficult.

Sarang: Got it. I'll check, then. What time should we leave?

Haru: Early in the morning? Or late at night?

Sarang: Hmm… I like morning! By the way, do you also want to go to the Busan International Film Festival?

Haru: Yes! Sarang: And then… Oh, right! What about accommodation? Where should we stay?

Haru: How about near the Busan market? We can eat delicious food at night!

Sarang: Sounds great! Then I'll book the accommodation. Can you buy the train tickets?

Haru: Yes!

Sarang: Awesome! I can't wait to go~

Haru: Me too! I'll contact you soon.

Sarang: Okay, see you soon!

Chapter 10

🎯 Korean

지나 쌤: 타오 씨, 한국에 맛집이 많아요.

타오: 정말요? 어떤 음식이 맛있어요?

지나 쌤: 혹시 김치찌개랑 된장찌개를 좋아해요? 장금 식당에는 김치찌개 있고 된장찌개도 있어요. 반찬도 엄청 맛있어요.

타오: 좋아요! 먹고 싶어요! 반찬이 많아요?

지나 쌤: 네. 두부전도 있고, 육포도 있어요. 가끔 순두부도 나와요.

타오: 와! 그런데 식당이 어디에 있어요?

지나 쌤: 홍대 서점 옆에 있어요. 건축이 예쁜 식당이에요. 식당 건물을 나무로 만들었어요. 거기에서 산이 보여요.

타오: 산도 보이고 맛있는 음식도 있고… 너무 좋은 곳이에요!

지나 쌤: 네! 타오 씨는 언제 가고 싶어요?

타오: 음… 이번 주말에 갈까요?

지나 쌤: 좋아요! 그럼 거기에서 갈비를 추천해요.

타오: 와! 갈비도 있어요?

지나 쌤: 네! 거기 갈비가 정말 맛있어요.

타오: 좋아요. 그런데 준비물이 있어요?

지나 쌤: 수건이요.

타오: 네. 그럼 주말에 맛있는 음식 먹으러 가요!

🌐 English

Teacher Jina: Tao, there are a lot of great restaurants in Korea.

Tao: Really? What kind of food is delicious?

Teacher Jina: Do you like kimchi jjigae and doenjang jjigae? At Janggeum Restaurant, they have kimchi jjigae and also doenjang jjigae. The side dishes are really tasty, too.

Tao: Sounds great! I want to try! Are there a lot of side dishes?

Teacher Jina: Yes. They have tofu jeon and beef jerky as well. Sometimes they also serve soft tofu.

Tao: Wow! But where is the restaurant?

Teacher Jina: It's next to the Hongdae bookshop. The restaurant has beautiful architecture. The building is made of wood. You can even see a mountain from there.

Tao: You can see the mountain and enjoy delicious food… What a lovely place!

Teacher Jina: Yes! Tao, when would you like to go?

Tao: Hmm… Shall we go this weekend?

Teacher Jina: Sounds good! Then I recommend galbi there.

Tao: Wow! They have galbi as well?

Teacher Jina: Yes! The galbi there is really delicious.

Tao: Great. Do we need to bring anything?

Teacher Jina: A towel.

Tao: Got it. Then let's go eat some tasty food this weekend!

ANNYEONG? KOREAN! _ Volume 1 **Workbook**

초판인쇄 2025년 05월 07일
초판발행 2025년 05월 07일

지은이 Alfred Lo, Taeyeon Yoon
펴낸이 허대우
마케팅 최순일
디자인 이승미
캐릭터 디자인 이재엽

펴낸곳 주식회사 헬로우코리안
주소 경기도 고양시 덕양구 향동로217, 10층 KA1014호
문의 hello@hellokorean.co.kr
출판신고 2024년 6월 28일 제395-2024-000141호
인쇄 헬로우프린텍

© Prof Jieun Kiaer, Derek Driggs, Hyung-Suk Kim, 2025

ISBN 979-11-988638-9-8